1920 ⑦アントワープ大会

1924 ❶シャモニー・モンブラン冬季《とうき》大会
⑧パリ大会

1928 ❷サン・モリッツ冬季《とうき》大会
●日本冬季《とうき》オリンピック初参加《はつさんか》
⑨アムステルダム大会

1932 ❸レークプラシッド冬季《とうき》大会
⑩ロサンゼルス大会

1936 ❹ガルミッシュ・パルテンキルヘン冬季《とうき》大会
⑪ベルリン大会

1938 ●クーベルタンの慰霊祭《いれいさい》がオリンピア遺跡《いせき》でおこなわれる
●1940年第12回オリンピック・東京大会の返上《へんじょう》が決定

1939 ●第二次世界大戦《せかいたいせん》おこる

1940 ⑫ヘルシンキ大会中止

1944 ⑬ロンドン大会中止

1945 ●第二次世界大戦《せかいたいせん》が終戦《しゅうせん》をむかえる

1937 ピエール・ド・クーベルタン

1938 嘉納治五郎《かのうじごろう》

1931

1927 中村裕《なかむらゆたか》

オリンピック・パラリンピックにつくした人びと

クーベルタン

近代オリンピックの父

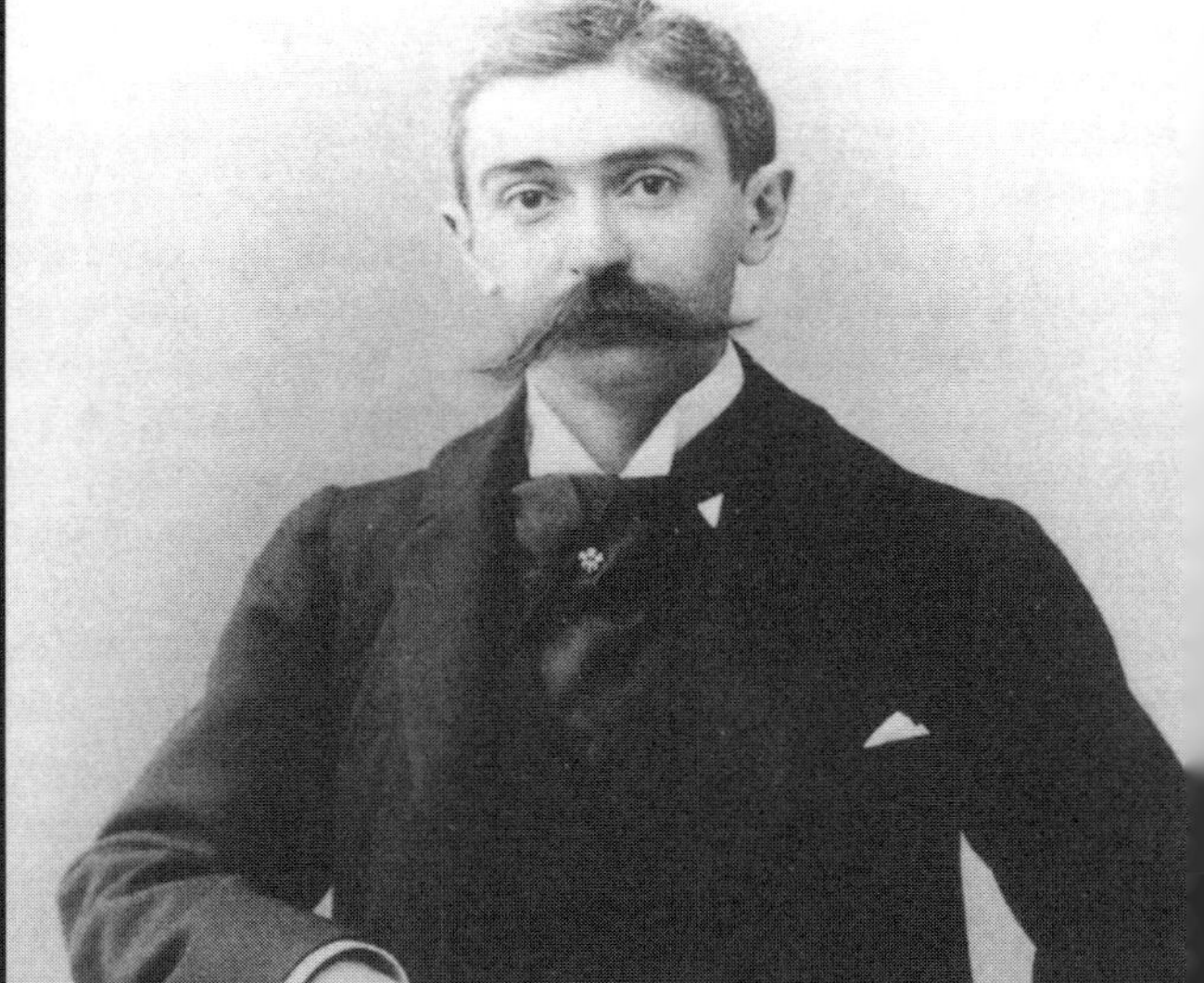

文　大野益弘

絵　しちみ楼

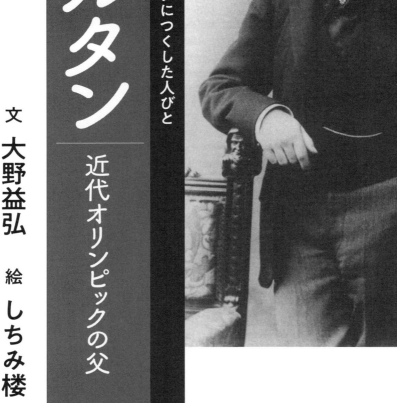

もくじ

プロローグ……4

1 貴族《きぞく》の少年……8

2 『トム・ブラウンの学校生活』との出会い……16

3 教育にスポーツを取り入れる……21

4 さまざまなオリンピック……29

5 ブルックスとの出会い……38

6 オリンピック提唱《ていしょう》の失敗《しっぱい》……46

7 オリンピック復興《ふっこう》会議《かいぎ》の準備《じゅんび》……53

8 パリ会議《かいぎ》……61

9 第1回オリンピックの開催《かいさい》に向けて……68

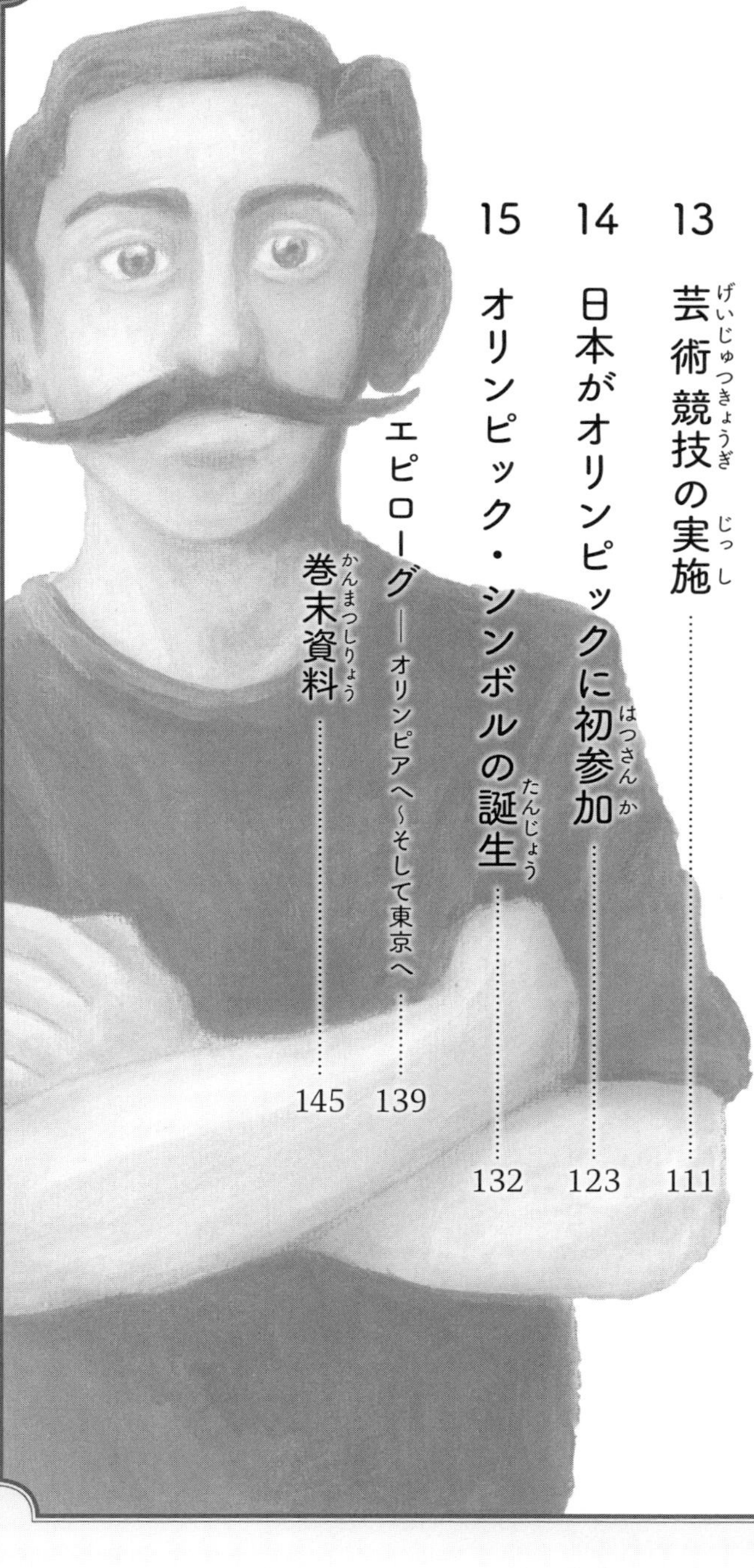

10 第1回アテネ大会開催《かいさい》 …… 78

11 ギリシャとのたたかい …… 91

12 万国博覧会《ばんこくはくらんかい》とオリンピック …… 100

13 芸術《げいじゅつ》競技《きょうぎ》の実施《じっし》 …… 111

14 日本がオリンピックに初参加《はつさんか》 …… 123

15 オリンピック・シンボルの誕生《たんじょう》 …… 132

エピローグ ―― オリンピアへ～そして東京へ …… 139

巻末資料《かんまつしりょう》 …… 145

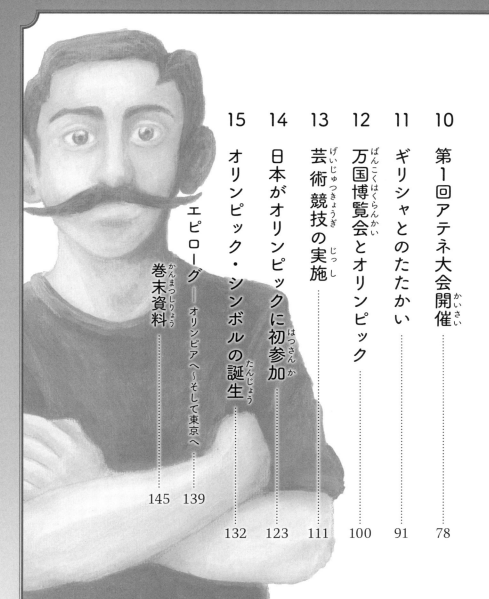

プロローグ

　ギリシャの首都アテネの空は、エーゲ海のように青く晴れわたっていた。４月にしては暖《あたた》かく、日差《ひざ》しが強い。女の人たちは美しく着かざって、いくつもの花がついた大きな帽子《ぼうし》をかぶり、日光をさけながら歩いている。

　１８９６年４月６日。今日《きょう》から近代オリンピック第１回大会が始まる。建物《たてもの》の窓《まど》や柱には、ギリシャ、イギリス、フランス、ドイツ、ハンガリー、アメリカなど、さまざまな国旗《こっき》がかざられていた。大きい家の玄関《げんかん》は、みずみずしい花々でいろどられている。たくさんの人たちが歩いている。ある人は花を指さしながら、またある人は早足で、開会式がおこなわれるパナシナイコ・スタジアムをめざしていた。

「だれが遠くまで跳《と》べるか、競争《きょうそう》だ！」

「ぼくが、いちばん遠くまで投げたぞ！」

　子どもたちは路地で幅跳《はばと》びをしている。いかにも重そうな石を投げている子どももいた。砲《ほう》丸投《がんな》げのつもりなのだろう。小さな子どもたちも、スポーツの祭典《さいてん》「オリンピック」の始まりを喜《よろこ》んでいた。

「BC《ビーシー》776」と「1896」という年をあらわす数字があちらこちらに見られる。BC《ビーシー》は西《せい》暦《れき》が始まる前、紀元前《きげんぜん》ということだ。その紀元前《きげんぜん》776年は、1200年もつづいた古代オリンピックが始まった年だ。ふたつの数字は、古代オリンピックの復活《ふっかつ》を意味していた。その記《き》念《ねん》すべき復活《ふっかつ》の日が、まさに今日《きょう》だった。音楽隊《おんがくたい》も入場し、晴れやかな曲をかなでている。

午後2時、スタジアムに集まった観客《かんきゃく》は思い思いの席《せき》につき、開会式が始まるのを待つ。スタンドは5万人もの観客《かんきゃく》でうめつくされた。3時近くになると、ギリシャのゲオルギオス国王とコンスタンティノス皇太子《こうたいし》、そして婚約《こんやく》を発表したばかりの王女が馬車に乗って到着《とうちゃく》した。スタジアムのまわりにつめかけた観客《かんきゃく》が、あわてて道をあける。

王族がスタジアムに入る。大会関係者《かんけいしゃ》、海外からの招待客《しょうたいきゃく》、組織《そしき》委員会の役員たち、そしてクーベルタンが出迎《でむか》えた。王女に花束《はなたば》が贈《おく》られると、ギリシャ国歌が演奏《えんそう》される。曲が終わるとスタジアムは大歓声《だいかんせい》につつまれた。

皇太子《こうたいし》のあいさつが始まった。

「わが国は、そして私《わたし》はオリンピックを成功《せいこう》させせなければなりません……ギリシャ国民《こくみん》と、この式典《しきてん》を祝《いわ》うために集まってくれた各国《かっこく》の方々に神のおぼしめしがありますように……」

あいさつを終えた皇太子《こうたいし》は、国王に開会宣言《せんげん》をお願《ねが》いした。

「アテネにおける第1回オリンピック競技《きょうぎ》大会の開会を、ここに宣言《せんげん》する！」

国王が短い言葉で開会を宣言《せんげん》して席《せき》にもどると、盛大《せいだい》な拍手《はくしゅ》がわきおこった。拍手《はくしゅ》がやむと同時に、オーケストラによって『オリンピック讃歌《さんか》』の演奏《えんそう》が始まった。作曲したギリシャのサマラス自身が指揮《しき》をとる。前奏《ぜんそう》につづき、１５０人の合唱隊《がっしょうたい》が美しくおごそかな歌を高らかに歌いあげた。曲が終わると観客《かんきゃく》の大きな拍手《はくしゅ》がわきおこった。

「アンコール！」「アンコール！」

観客《かんきゃく》の声が大きくなる。いくら待っても、アンコールの声はやみそうにない。もう一度『オリンピック讃歌《さんか》』が演奏《えんそう》、合唱《がっしょう》された。

クーベルタンは感動で胸《むね》が熱《あつ》くなった。

「待ちに待った瞬間《しゅんかん》がようやくやってきた。夢《ゆめ》のようだ。オリンピックが復活《ふっかつ》したのだ……」

▼1896年、第1回アテネオリンピックがおこなわれたパナシナイコ・スタジアムは、多くの観客《かんきゃく》でうめつくされた

1 貴族《きぞく》の少年

1863年1月1日、ピエール・ド・クーベルタンはフランスの首都パリで、貴族《きぞく》の家に生まれた。4人きょうだいの末《すえ》っ子《こ》で、父の名は、シャルル・ド・クーベルタン。祖父《そふ》は、ナポレオンのドイツ遠征《えんせい》のときに活躍《かつやく》し、勲章《くんしょう》を受けている。さかのぼると、先祖《せんぞ》は1477年に国王のルイ11世から、男爵《だんしゃく》の称号《しょうごう》をさずかっている。

父シャルルは宗教《しゅうきょう》画家でもあった。賞《しょう》をとったり、絵は美術館《びじゅつかん》に展示《てんじ》されたりしていた。

▲父、シャルルがえがいた絵画

母のマリーは熱心《ねっしん》なキリスト教徒《きょうと》で、ピエールに将来《しょうらい》は司祭《しさい》などの聖職者《せいしょくしゃ》になってほしいと思っていた。幼《おさな》いピエールは、おもちゃのかわりにお祈《いの》りのときに使う小道具をあたえられ、遊んだ。

「ピエール、たくさんの人たちのためになる、りっぱな人になるのですよ」

「はい、お母様《かあさま》」

母はつねづね、ピエールに言うのだった。

ピエールが小学校に通っていた1870年7月、フランスとドイツ（プロイセン）との間で、戦争《せんそう》が始まった。普仏戦争《ふふつせんそう》とよばれたこの戦《たたか》いは約《やく》1年間つづいたが、フランスはドイツに連《れん》戦連敗《せんれんぱい》。全面敗北《はいぼく》したフランスは北東部のアルザス・ロレーヌ地方をドイツに引《ひ》き渡《わた》し、多額《たがく》の賠償金《ばいしょうきん》を支払《しはら》わなくてはならなかった。

「ママ、戦争《せんそう》は終わったの？」

「ええ、終わったわ」

「どうして悲しい顔をしているの？」

「負けたからよ。私《わたし》の知っている人たちがたくさん死んだわ」

その普仏戦争《ふふつせんそう》が終わろうとしていたころ、今度はフランス国内で内乱《ないらん》がおきた。ドイツに降《こう》伏《ふく》して戦争《せんそう》を終わらせようとする政府《せいふ》と、パリ市民《しみん》や最後《さいご》まで戦《たたか》おうとする人たちとの戦《たたか》いだった。

ピエールは道にたおれている男に近よった。

「だいじょうぶですか？」

「み、水をくれ……」

見ると服は血だらけだ。こわくなって後ずさりする。

「どうしよう、水をもっていない……」

男は真《ま》っ赤《か》な血をはき、そして動かなくなった。

目の前で人が死ぬのをはじめて見た。よく見ると、まわりにはいくつもの死体がある。ピエールはその場から走って逃《に》げた。

「た、助けてくれ……」

「み、水を……」

傷《きず》ついた男たちのうめき声がピエールを追いかけてくる。

「フランス人どうしが殺《ころ》しあうなんて……。戦争《せんそう》なんて、なくなればいいのに！」

この内乱《ないらん》でパリの街《まち》は焼《や》けてしまい、多くの人たちが犠牲《ぎせい》となった。戦争《せんそう》の悲惨《ひさん》さは、8歳《さい》の子どもの心に平和を望《のぞ》む願《ねが》いを深くきざみつけた。


ピエールは11歳《さい》になると、ほかの貴族《きぞく》の子どもたちと同じように、聖《せい》イグナチオ・コレージュというカトリックの中学校に入学した。

ピエールはここで、ラテン語や古代のギリシャ語を学んだ。ラテン語は、イタリア語やフランス語などのもとになった言語で、ヨーロッパの古い書物の多くはラテン語で書かれていた。同時に、古代ギリシャ文明や当時の芸術《げいじゅつ》にも出会った。

このころのヨーロッパでは、古代ギリシャ遺跡《いせき》の発掘《はっくつ》が大きな話題になっていた。1870年ころから、ドイツの考古学者で資産家《しさんか》のシュリーマンが、古代ギリシャの神話に登場するトロイア遺跡《いせき》を発掘《はっくつ》した。さらに、オリンピア遺跡《いせき》の本格的《ほんかくてき》な発掘《はっくつ》が、1875年におこなわれた。神殿《しんでん》やスタディオンとよばれる競技場《きょうぎじょう》、彫刻《ちょうこく》などが見つかり、たくさんの人たちが興味《きょうみ》をもった。

「古代ギリシャの芸術《げいじゅつ》はすばらしい。美しい肉体に心が宿っているかのようだ」

ピエールは古代ギリシャの芸術《げいじゅつ》にひかれた。

「どの彫刻《ちょうこく》も、いまにも動きだしそうだ。古代ギリシャの人々は、スポーツをする人間の美しさを見て、まさに神のようだと思ったにちがいない。その彫刻《ちょうこく》をつくることで、神様がよろこぶと考えたのだろう。なんて美しいんだ！」

このころフランスは、たびかさなる戦争《せんそう》や内乱《ないらん》から、まだ立ち直れないでいた。フランスが暗い時代をむかえているなかで、ピエールには古代ギリシャの芸術《げいじゅつ》が光《ひか》り輝《かがや》いて見えた。

さらにピエールは、紀元前《きげんぜん》776年からおよそ1200年間もつづいていたといわれる、古代オリンピックに関心《かんしん》をもった。

「昔はどんなスポーツの大会をおこなったのだろう？　どんな選手《せんしゅ》たちが集まったのだろう？　どのようにして1200年もつづけることができたのだろう？」

さいわいピエールは学校で古代のギリシャ語を勉強していたので、資料《しりょう》を読むことができた。

「古代のギリシャでは、オリンピアで4年に一度、オリンピックという競技祭《きょうぎさい》がおこなわれていたんだ。すごい！　おやっ？　オリンピア以外《いがい》にもあったのか」

資料《しりょう》には、オリンピア競技祭《きょうぎさい》と、デルフォイのピュティア競技祭《きょうぎさい》、イストモスのイストミア競技祭《きょうぎさい》、ネメアのネメア競技祭《きょうぎさい》を合わせて、四大競技祭《きょうぎさい》とよばれたことなども書かれていた。

どの競技祭《きょうぎさい》でも、神にささげることを目的《もくてき》にして、ボクシングやレスリングなどの格闘技《かくとうぎ》や陸上競技《りくじょうきょうぎ》などがおこなわれていた。

「へえ、競技祭《きょうぎさい》のあいだとその前後は、争《あらそ》いごとが禁止《きんし》されていたんだ。戦争《せんそう》ではなく、競技《きょうぎ》で勝負したんだな……」

この休戦《きゅうせん》は、「聖《せい》なる休戦《きゅうせん》」とよばれている。

「ああ、実際《じっさい》に競技祭《きょうぎさい》を見られたらなあ。でも、そんなことできるわけがない」

ピエールは古代ギリシャの彫像《ちょうぞう》を見ながら、当時の競技《きょうぎ》のようすを想像《そうぞう》してみた。

「競技場《きょうぎじょう》には、彫刻《ちょうこく》にえがかれているような美しい肉体をもったはだかの競技者《きょうぎしゃ》がふたりいるんだ。レスリングをしている。ふたりとも全身が汗《あせ》でびっしょりだ。ここで、ひとりがもうひとりに組みふせられる！　勝負はついた。たおれたまま起き上がれない敗者《はいしゃ》のわきで、勝者が両手を高くあげて勝利《しょうり》の雄叫《おたけ》びをあげるんだ。まるで、ギリシャ神話に登場する神のようだ！」

こうしてピエールは、古代のオリンピックにひかれていった。

ピエールは中学校で、キリスト教と道徳《どうとく》も学んだ。生徒《せいと》たちは「正しさ」「気高《けだか》さ」を身につけて卒業《そつぎょう》する。なかでも貴族《きぞく》の子どもたちは、「潔《いさぎよ》さ」「人々の模範《もはん》になること」「人のためになること」を学んだ。そして将来《しょうらい》、国を守るためによい軍人《ぐんじん》になることをめざしていた。

「そこ、隊列《たいれつ》をくずすんじゃない！　みんなにそろえろ」

「返事は？　声が小さい！」

「もうへばったのか。そんなことじゃ、ドイツに勝てないぞ！　もっと体力をつけろ」

よい軍人《ぐんじん》になること、戦争《せんそう》で勝つことが目的《もくてき》だったので、当時、体育に取り入れられていた身体トレーニング「ジムナスティーク」はきびしかった。まるで軍隊《ぐんたい》の訓練《くんれん》のようだった。そんな体育に、ピエールは疑問《ぎもん》をもった。

「先生の言うとおりにやっているだけで、ほんとうにいいのだろうか？　たしかに、戦争《せんそう》でドイツに負けて、フランスの人たちは元気がなくなっている。国民《こくみん》としての誇《ほこ》りも失《うしな》いかけている。フランスは元気にならなくちゃいけない。でも、戦争《せんそう》に勝つことを目的《もくてき》として体力をつけることで、みんなが元気になれるのだろうか？　それでほんとうに幸せなのだろうか？　ちょっとちがうんじゃないだろうか。このままでいいのだろうか……」

2 『トム・ブラウンの学校生活』との出会い

1880年、ピエールは、日本の高等学校にあたる「リセ」を優秀《ゆうしゅう》な成績《せいせき》で卒業《そつぎょう》した。そして、17歳《さい》のとき、ほかの多くの貴族《きぞく》と同じように、軍隊《ぐんたい》の将校《しょうこう》になるための士官《しかん》学校に入学した。貴族《きぞく》として、国を守らなくてはならないと考えていたからだ。

ところが、しばらく士官《しかん》学校で学んでみると、これは自分がやるべきことではないのではないか、と思うようになった。

「小さいころ、戦争《せんそう》で傷《きず》ついた人たちや死体を見て、もう二度と戦争《せんそう》はしたくないと思っていた……。でも士官《しかん》学校は、その戦争《せんそう》のための学校ではないか。こんなところで学んでいていいのか？　いや、いいはずがない」

ピエールは士官《しかん》学校を退学《たいがく》して、政治《せいじ》高等学院に入学した。政治《せいじ》を学んで、貴族《きぞく》としてなすべきこと、自分ならではの貴族《きぞく》のあり方を追いもとめることにしたのだ。

「フランスの人たちは、前にもまして心も体も元気がなくなっているようだ。もっと前向きに生きられるようにならなくてはいけない。それには、子どものうちから体をきたえて、強い体力と豊《ゆた》かな心を身につけておくことが大切なんじゃないだろうか。そのためには、あの中学校のときのような体育ではだめだ。軍隊《ぐんたい》の訓練《くんれん》のような体育ではだめなんだ。生徒《せいと》の体をきたえると同時に、やる気を出させるような体育が大事なんだ」

ピエールは、人々が元気に生きられるようになるための「教育」こそ、自分がやるべきことだと思うようになった。とくに大事なのは体育だ。

「でも、具体的《ぐたいてき》にどのような体育をめざせばいいのだろう。どこかにヒントや見本はないものだろうか。ほかの国はどうしているのだろう」

ピエールはフランス以外《いがい》の国で、どんな教育をしているのか知りたくなり、さまざまな本を手当たりしだいに読んでいった。

そのなかの1冊《さつ》で、フランスの哲学者《てつがくしゃ》で評論家《ひょうろんか》、歴史家《れきしか》のイポリット・テーヌが書いた『イギリス・ノート』に興味《きょうみ》をひかれた。この本の中でテーヌは、イギリスの悪い面とよい面について、わかりやすく書いていた。

「真のイギリスの紳士《しんし》は、上品で、人の上に立つに値《あたい》する人物。自分自身を危険《きけん》にさらしても、人々のために正しい行動をとる誠実《せいじつ》な人物か……。すばらしい！」

そして、そのような紳士《しんし》をつくり上げるために、「スポーツ」が教育の手段《しゅだん》としてとても役立っていると書かれていた。

「えっ、あのスポーツが役立つって、どういうことだ？　狩猟《しゅりょう》や釣《つ》りなどのスポーツが教育に役立つというのか？　それとも、最近《さいきん》おこなわれるようになったテニスのことだろうか？　そもそも、イギリスのスポーツはフランスとはちがうのだろうか？　イギリスの紳士《しんし》を育てるための教育を知りたい。イギリスでは、いったいどんなスポーツがおこなわれているのだろう？」

そんなときピエールは、人生の方向を決める1冊《さつ》の本に出会った。イギリス人の法律家《ほうりつか》、政《せい》治家《じか》で小説家《しょうせつか》でもあるトマス・ヒューズの『トム・ブラウンの学校生活』だ。


イギリスにはパブリックスクールという学校がある。伝統《でんとう》のある全寮制《ぜんりょうせい》の私立《しりつ》の中学から高校で、もともとは、王族や貴族《きぞく》の子どもたちが入学するエリートのための学校だった。高い学力を身につけるだけでなく、心身ともにすぐれた人間を育てることを目的《もくてき》としている。

このパブリックスクールのひとつにラグビー校がある。スポーツのラグビーを生んだことで有名な学校だ。そのラグビー校の生徒《せいと》であるトムが、さまざまな経験《けいけん》をしながらたく

▲『トム・ブラウンの学校生活』表紙

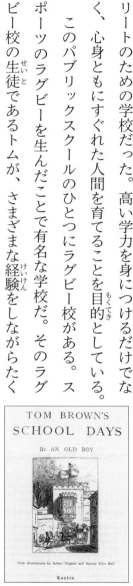

ましい青年へと育っていくすがたをえがいたのが『トム・ブラウンの学校生活』という小説《しょうせつ》だった。

この本の中で主人公のトムは、寮《りょう》での規律正《きりつただ》しくきびしい生活やチームスポーツの体験《たいけん》を通して勇気《ゆうき》、忍耐力《にんたいりょく》、公正さ、友愛《ゆうあい》の精神《せいしん》、だいたんな決断力《けつだんりょく》、失敗《しっぱい》したときに他人をせめないことなどを身につけていく。

「これだ！　私《わたし》がさがしていたのはこれだったのだ！」

ピエールは、この本を肌身《はだみ》はなさず持って、何度も読みかえした。

「イギリスという国は好《す》きじゃない。あの強かったナポレオンでも勝てなかった。世界ではじめて産業革命《さんぎょうかくめい》を成《な》しとげて、フランスより一歩先をいっている。でも……」

そんなことより、フランスのことを考えなくてはいけないとピエールは思った。

「イギリスがフランスより進んでいるのだったら、すなおに学べばいい。イギリスの教育がすぐれているのなら、その方法《ほうほう》をぬすめばいい」

この本を読んで、イギリスの学校教育について学ぼうと思った。

ピエールは、スポーツを通じてチームのみんなで考えるような教育を受けてこなかった。ピエールだけでなくフランスの子どもたちはそうした教育とは無縁《むえん》だった。

「フランスでは先生が一方的《いっぽうてき》に教えるだけで、自分から何かを考えるチャンスがあたえられないが、イギリスではスポーツのチームプレーをとおして生徒《せいと》自身に考えさせながら育てていく。フランスの教育には生徒《せいと》に自由がないが、イギリスの教育には自由な雰囲気《ふんいき》があるようだ」

フランスとイギリスでは、学校の教育のやり方が大きくことなっていることを、ピエールは知った。

「イギリスのチームスポーツは生徒《せいと》の体を強くするだけじゃない。精神《せいしん》もきたえてりっぱな人間をつくっている。自分で考えるから困難《こんなん》に立ち向かう強さも育つ。イギリスのパブリックスクールでは、心の教育と体の教育のバランスが取れているんだ」

そう考えたピエールは、パブリックスクールを視察《しさつ》するために、イギリスへ行くことを決意した。

「イギリスのパブリックスクールで見たことを、フランスの教育改革《かいかく》に役立てる。それが私《わたし》の使命だ」

3 教育にスポーツを取り入れる

1883年、20歳《さい》になったピエール・ド・クーベルタンは、はじめてイギリスの地を踏《ふ》んだ。このころ、飛行機《ひこうき》はまだなかった。馬車と鉄道と船をつかって首都ロンドンに着いたクーベルタンは、そこからさらに北へ100キロほど行ったところにあるラグビー校を訪《おとず》れた。

「ここが『トム・ブラウンの学校生活』の舞台《ぶたい》になったパブリックスクールだ。ほんとうに小説《しょうせつ》のとおりなのだろうか……」

まずは、教師《きょうし》と紅茶《こうちゃ》を飲みながら、学校の教育方針《ほうしん》や毎日の生徒《せいと》の過《す》ごし方《かた》などをきいた。フランスではコーヒーがおいしいが、イギリスではやっぱり紅茶《こうちゃ》だ。

「わが校では、体育にラグビーやフットボール、クリケッ

▲ラグビー校

トなどのチームスポーツを取り入れています。チームスポーツをやることで、子どもたちは大きく成長《せいちょう》するのです」

「ほう、それはすごい。フランスとはちがいますね」

フランスでは、軍隊《ぐんたい》で活躍《かつやく》する人間をつくるために、個人《こじん》の体力を強化するトレーニングが中心におこなわれていた。

「それでは、校内をご案内《あんない》しましょう」


クーベルタンは、校舎《こうしゃ》を案内《あんない》してもらい、授業《じゅぎょう》やスポーツのようすを見学した。生徒《せいと》たちともよく話した。クーベルタンは20歳《さい》で、生徒《せいと》と年齢《ねんれい》が近かったことや、彼《かれ》がきれいな英語《えいご》で気さくに話しかけたことから、生徒《せいと》たちも気安く話に応《おう》じてくれた。フランスの貴族《きぞく》への興味《きょうみ》もあったようだ。

「みんな、学校生活はどうだね？　楽しいかい？　どんな勉強をしているんだい？」

「はい、バ、バロン（男爵《だんしゃく》）……」

「いや、クーベルタンでいい。きみたちと私《わたし》は5～6歳《さい》しかちがわないんだ」

「わかりました、ミスター・クーベルタン。私《わたし》はイギリスの貴族《きぞく》の家に生まれました。国を守

り、人々を幸せにできるようなりっぱな紳士《しんし》になりたいと思っています。でもそのためにはみんなについてきてもらわなくてはいけません。ほかのメンバーといっしょになってひとつのことをなしとげる、私《わたし》はそれをチームでおこなうスポーツから学びました」

「私《わたし》はラグビーがとても楽しいです。このラグビー校から始まったスポーツだからというだけではなく、攻《せ》めるときには思うぞんぶんきびしくぶつかり合いますが、終わったらたがいに相手をたたえあうところが好《す》きなんです」

「私《わたし》は、フットボールが好《す》きです。チームのみんなと、作戦《さくせん》を考えてプレーできるのが楽しいです。このあいだの試合《しあい》では、私《わたし》のミスで負けてしまったのですが、みんなはげましてくれました。次は絶対《ぜったい》ミスをしないようにと、がんばって練習しています」

彼《かれ》らは小説《しょうせつ》そのものだった。生徒《せいと》たちは先生の言葉をまねしてしゃべっているのではなく、自分で考え、自分の言葉で話している。

クーベルタンがもっともおどろいたのは、体育のようすだった。

「みんな、声をかけ合いながら、楽しそうにやっている。笑顔《えがお》であふれている！」

生徒《せいと》たちは、ラグビーやクリケットなどのチームスポーツをのびのびとやっていた。

「フランスと全然《ぜんぜん》ちがう……」

「ひとりひとりの体力が向上することは大切です。でも、個人《こじん》の力があっても、みんなで協《きょう》力《りょく》しなければ、ラグビーやフットボールなどのチームスポーツでは、試合《しあい》に勝つことはできません。チームのためにどうしたらよいか、ひとりひとりが考えてプレーしなくてはいけない。子どもたちは、肉体をきたえるだけでなく、考える力と、フェアプレー精神《せいしん》やチームワークを身につけることができるのです」

「すばらしい！　生徒《せいと》たちが生き生きとしているのは、チームスポーツが大事な役割《やくわり》をはたしているからなのですね」

クーベルタンは、心から感動した。

このころフランスでよくおこなわれていたスポーツは、自転車やボート、フェンシング、球《きゅう》技《ぎ》ではテニス、そして学校では体操《たいそう》だった。どちらかというと、チームのスポーツよりも、個《こ》人《じん》でおこなうスポーツのほうがさかんだった。クーベルタンは、ラグビーやフットボール（サッカー）などのチームスポーツのよさをあらためて思いしらされた。

小説《しょうせつ》『トム・ブラウンの学校生活』には、トマス・アーノルドという人物が登場する。彼《かれ》はラグビー校にほんとうにいた校長だ。クーベルタンが訪《おとず》れたときにはすでにこの世を去っていたが、ラグビー校で教育にスポーツを取り入れたのがアーノルド校長だった。

「アーノルド校長がこの学校に来るまでは、チームスポーツはほとんどおこなわれていませんでした。それまで貴族《きぞく》がおこなっていたスポーツといえば、ウサギやキツネを銃《じゅう》で撃《う》つ狩猟《しゅりょう》や、海や川での釣《つ》りが中心でした。生き物の命をうばうことが楽しみになっていたんです。貴族《きぞく》の子どもたちも親といっしょに狩《か》りをおこないます。子どもたちも猟犬《りょうけん》をもっていて、カモやウサギを追わせたりしていました。猟犬《りょうけん》レースをおこなってお金を賭《か》けることもしていました。アーノルド校長はこうした狩《か》りや賭《か》けが、生徒《せいと》にとってよいことだとは思わなかったのです」

「そこで、チームスポーツを取り入れたのですか？」

「そのとおりです。みんなで協力《きょうりょく》して相手とたたかうチームスポーツは、すぐに生徒《せいと》たちを夢《む》中《ちゅう》にさせました。そして生徒《せいと》に勇気《ゆうき》をあたえ、自分で考えて困難《こんなん》に立ち向かう精神《せいしん》を身につけることに成功《せいこう》したのです」

「それが伝《つた》えられていったのですね」

「はい。アーノルド校長の次、さらにその次の校長もますますチームスポーツに力を入れ、それが伝統《でんとう》として定着していったのです」

クーベルタンは、イギリスのスポーツ教育の伝統《でんとう》に、あらためて感心した。

「このラグビー校の教育方針《ほうしん》は、イギリスのほかのパブリックスクール、さらに大学でも取り入れられています」

チームスポーツを取り入れる教育は、イギリスの多くの学校でおこなわれていた。

「ほかの学校では、どのような方法《ほうほう》でおこなわれているのだろう。もっと知りたい」

クーベルタンは、イギリスでいくつものパブリックスクールだけでなく、オックスフォードやケンブリッジなどの大学も訪《おとず》れた。さらにその後、数年かけてアメリカやカナダの学校にも足をのばした。

「フランスの教育を立て直すのに必要《ひつよう》なのは、やはりスポーツを取り入れた教育だ！　イギリスのパブリックスクールやアメリカでおこなわれているようなチームスポーツをつかった教育こそが生徒《せいと》を成長《せいちょう》させるんだ」

フランスにはイギリスのようにチームスポーツを学校でおこなうという伝統《でんとう》がなかった。そこでクーベルタンは、イギリスで学んだチームスポーツを学校に取り入れようとして、フランスの教育に影響力《えいきょうりょく》のあるジュール・シモンと会った。シモンは首相《しゅしょう》をつとめたことのある哲学者《てつがくしゃ》で、クーベルタンに近い考えをもっていたからだ。

「いまフランスに必要《ひつよう》なのは、イギリスやアメリカでおこなわれているようなスポーツを取り入れた教育です。スポーツ教育こそが、子どもたちを成長《せいちょう》させるのです」

「たしかにそうだね。運動普及《ふきゅう》委員会で発表してみてはどうだい？」

シモンが委員長をつとめる「運動普及《ふきゅう》委員会」で、クーベルタンはイギリス式のスポーツ教育を取り入れるべきであると何度も発言した。だが、委員会には、学校には軍事訓練《ぐんじくんれん》のための体操《たいそう》がふさわしいと考える人々も多く、さらに、そもそもイギリスがきらいだからという理由で反対する人も多かった。

「なんて頭のかたい連中《れんちゅう》だ。そうだ、直接《ちょくせつ》学校へ提案《ていあん》してみよう」

クーベルタンは、フランス国内の学校をまわって、スポーツを通じた教育を取り入れるようはたらきかけた。だが、かんたんにはいかない。

しかし、クーベルタンはあきらめなかった。

「私《わたし》は、フランスでチームスポーツを取り入れた教育を実現《じつげん》するぞ。そして、フランス国内で競技会《きょうぎかい》を開くのだ。いや、イギリスやアメリカのチームともいっしょにスポーツがしたい。ヨーロッパやアメリカの多くの国々が参加《さんか》した競技会《きょうぎかい》が開催《かいさい》できたらどんなにすばらしいだろう」

クーベルタンの夢《ゆめ》は、どんどん広がっていった。

4　さまざまなオリンピック

「そういえば近ごろ、古代のオリンピックをもとに、ヨーロッパのあちこちで、オリンピックと名のつく競技会《きょうぎかい》がおこなわれているようだ」

クーベルタンは、ヨーロッパでおこなわれている競技会《きょうぎかい》について調べてみることにした。

じつはオリンピックを復活《ふっかつ》させようという動きは、クーベルタンが生まれる前からあった。

時代をさかのぼると、なんと1612年から「コッツウォルド・オリンピック」という競技《きょうぎ》大会がイギリスでおこなわれていた。この大会は1852年にいったん終了《しゅうりょう》するが、100年後に「ロバート・ドーバーズ・ゲームズ」として再開《さいかい》され、現在《げんざい》もつづいている。

スウェーデンでは、「古代オリンピック大会記念《きねん》・全スカンジナビア・スポーツ大会」が1834年に開催《かいさい》された。この大会は2年後にも開かれたが、その2回だけで終わっている。

イギリスでは「リバプール・オリンピック・フェスティバル」という大会もおこなわれていた。こちらは1862年から毎年開催《かいさい》されたが、1867年までの合計6回だけで終わっていた。ただ、この大会を始めたチャールズ・メリーとジョン・ハリーは、ともにあのラグビー校の出身だ。小説《しょうせつ》『トム・ブラウンの学校生活』に登場するトマス・アーノルドが校長だったときに生徒《せいと》として学んでいて、その後スポーツ活動も熱心《ねっしん》におこなっていた。

「たしか、この話は、ラグビー校に行ったときに聞いたな……」

このリバプール・オリンピックは、完全《かんぜん》なアマチュアの大会としておこなわれ、賞金《しょうきん》などはなく、海外の選手《せんしゅ》の参加《さんか》をみとめていた。そして、なんと1863年のこの大会は、「インターナショナル・オリンピック・フェスティバル（国際《こくさい》オリンピック祭）」という名称《めいしょう》でおこなわれたのである。


「古代オリンピックがおこなわれていたギリシャではどうだろう？」

クーベルタンはギリシャについて調べた。

ギリシャでも19世紀《せいき》にオリンピックを復活《ふっかつ》させていた。ギリシャ出身の豪商《ごうしょう》エバンゲリス・ザッパスが資金《しきん》を提供《ていきょう》して開催《かいさい》されたため、「ザッパス・オリンピック」とよばれた。1859年に第1回が開かれ、1870年に第2回、1875年に第3回、そして1888〜1889年に第4回がおこなわれている。

「この大会では古代オリンピックにならって、スタディオン走、ディアウロス走、ドリコス走、跳躍《ちょうやく》、円盤投《えんばんな》げ、やり投げなどがおこなわれていたのか……」

そして競技場《きょうぎじょう》は、紀元前《きげんぜん》4世紀《せいき》にパンアテナイア祭の競技場《きょうぎじょう》としてつくられたパナシナイコ・スタジアムに大がかりな修復《しゅうふく》をほどこして使用していた。

「まるで古代オリンピックが復活《ふっかつ》したようだ。しかし、この大会に参加《さんか》できるのはギリシャ国民《こくみん》だけだ。私《わたし》は広くヨーロッパ中、いや世界中の選手《せんしゅ》が参加《さんか》できるような大会をおこないたい」

クーベルタンはいつしか、どうしたら古代オリンピックのような競技会《きょうぎかい》が世界的《せかいてき》な規模《きぼ》でおこなえるのか、考えるようになっていた。


1889年、パリで万国博覧会《ばんこくはくらんかい》(万博《ばんぱく》)がおこなわれた。クーベルタンも、地元で開催《かいさい》されたこの万博《ばんぱく》を訪《おとず》れた。

「これが世界一の高さか。なんて高いんだ！」

最大《さいだい》の見ものとされたのはエッフェル塔《とう》だった。多くの人々がパリを訪《おとず》れ、高くそびえるエッフェル塔《とう》を見て感激《かんげき》していた。

19世紀《せいき》後半には高い建物《たてもの》がたくさん建《た》てられている。ドイツ・ハンブルクの聖《せい》ニコライ教会の大聖堂《だいせいどう》が147メートルの高さで世界一を記録《きろく》したのが1874年。だが2年後に151メートルの大聖堂《だいせいどう》がフランス・ルーアンに建《た》った。すると1880年にドイツ・ケルンの大聖《だいせい》堂《どう》が157メートルで追いぬく。1884年にはアメリカに169メートルのワシントン記念《きねん》塔《とう》が建《た》った。こうしたなか、1889年のパリ万博《ばんぱく》にあわせて建《た》てられた高さ312メートル（現在《げんざい》は324メートル）のエッフェル塔《とう》は、ほかを圧倒《あっとう》していた。

夜にはフランス国旗《こっき》の色・青白赤の3色の光線でライトアップされたエッフェル塔《とう》。その美しさと高くそびえる迫力《はくりょく》が人気をよび、この万博《ばんぱく》の入場者数は3200万人を突破《とっぱ》した。前年のスペイン・バルセロナの万博《ばんぱく》の入場者数230万人のおよそ14倍だ。

「エッフェル塔《とう》もいいが、私《わたし》はオリンピアの展示《てんじ》が見たい」

万博《ばんぱく》では、ドイツの考古学者の調査結果《ちょうさけっか》にもとづいてフランス人がつくった、オリンピア遺《い》跡《せき》の精巧《せいこう》な模型《もけい》が展示《てんじ》されていた。そこにはギリシャ神話最高《さいこう》の神ゼウスの神殿《しんでん》、その妻《つま》である女神《めがみ》ヘラの神殿《しんでん》をはじめ、オリンピック競技《きょうぎ》がおこなわれた競技場《きょうぎじょう》、観客《かんきゃく》の宿泊所《しゅくはくじょ》、大浴《だいよく》場《じょう》などが復元《ふくげん》されていた。

展示《てんじ》を見ながらクーベルタンは、およそ1500年前までおこなわれていた古代オリンピックに思いをはせた。4年に一度、いっさいの戦争《せんそう》をやめて多くの人が集まり、スポーツで競《きそ》い

合うすがたを想像《そうぞう》した。競技場《きょうぎじょう》を走って速さを競《きそ》う者もいた。レスリングやボクシングなどの格闘技《かくとうぎ》で強さを競《きそ》う者もいた。勝者の頭にはオリーブの葉でできた冠《かんむり》があった。その顔はほこらしい笑《え》みで輝《かがや》いている。

「こんなスポーツの大会ができたらどんなにすばらしいだろう」

クーベルタンはオリンピア遺跡《いせき》の模型《もけい》の前に立ちつくし、しばし時を忘《わす》れて大きな夢《ゆめ》をえがいていた。

この万博《ばんぱく》では、運動普及《ふきゅう》委員会の会議《かいぎ》もおこなわれた。この委員会は、ジュール・シモンを委員長として1888年に結成《けっせい》されたもので、クーベルタンは事務局《じむきょく》長《ちょう》をつとめていた。フランスの学校にスポーツを取り入れるため、できることは何でもやるつもりだった。

会議《かいぎ》が開かれる前に、クーベルタンはそれまで訪《おとず》れたイギリスやアメリカでの体験《たいけん》を論文《ろんぶん》にまとめて、イギリスの新聞「タイムズ」に送った。その新聞は、マッチ・ウェンロックの医師《いし》、ウィリアム・ペニー・ブルックスにもとどいた。「ウェンロック・オリンピック」の主催者《しゅさいしゃ》である。

ある日、記事を読んだブルックスからクーベルタンに手紙がとどく。

「パリ万博《ばんぱく》の運動会議《かいぎ》の成功《せいこう》を心からお祈《いの》りします。おひまができたら、どうぞウェンロックにいらしてください」

じつは、クーベルタンに大きな影響《えいきょう》をあたえたのが、この「ウェンロック・オリンピック」だった。

マッチ・ウェンロックは、ロンドンの北西にある人口3000人の小さな町。ここでは1850年から毎年「オリンピック競技大会《きょうぎたいかい》」が開かれていた。始めたのは地元の医師《いし》、ブルックス。彼《かれ》は貧《まず》しい人の面倒《めんどう》をよくみていた外科医《げかい》の父の影響《えいきょう》を受け、不衛生《ふえいせい》な職場《しょくば》ではたらかされていた多くの労働者《ろうどうしゃ》の治療《ちりょう》にあたっていた。

この当時のイギリスは産業革命《さんぎょうかくめい》がほぼ終わっていた。しかし、労働者《ろうどうしゃ》は不潔《ふけつ》な環境《かんきょう》で、長い時間、低《ひく》い賃金《ちんぎん》ではたらかされていた。栄養状態《えいようじょうたい》も悪かったため、彼《かれ》らの体はボロボロになっていたのだ。

やせ細った労働者《ろうどうしゃ》がブルックスのもとを訪《おとず》れた。

「先生、助けてください。体がだるくて動けません」

「きみたちは、まず食事を改善《かいぜん》しなくてはいけない。食べることは大切だからね」

ブルックスは彼《かれ》らが元気になるために、食事や栄養《えいよう》についての知識《ちしき》を身につけてもらおうと思った。さらに、健康《けんこう》になるためになにを食べたらいいかを教えた。

不健康《ふけんこう》な状態《じょうたい》におかれていたのは、農民《のうみん》も同じだった。農民《のうみん》に対しては「農村読書会」を開いて、農業についての知識《ちしき》を身につけるための本を読んでもらった。ブルックスの読書会は、健康《けんこう》や食事のことだけでなく、芸術《げいじゅつ》や歴史《れきし》などの分野にも広がっていった。しだいに弁護士《べんごし》や銀行家、牧師《ぼくし》、豪農《ごうのう》などさまざまな職業《しょくぎょう》の人々も集まってきた。人間にとって、知性《ちせい》をみがくことは、とても大切だとブルックスは考えたのだった。

そのうちにブルックスは、運動について書いてある本を読むようになった。そこには、体を動かすと健康《けんこう》になると書いてあった。運動の本にはかならず「健康《けんこう》」の文字があった。栄養《えいよう》のある食事をとるだけでなく、体を動かすともっと健康《けんこう》になることを知り、「農村読書会」のなかに「オリンピアン・クラス」をつくることにした。労働者《ろうどうしゃ》や若者《わかもの》に、みんなで楽しめるようなスポーツをすすめるため、そしてその機会《きかい》と場所をつくるためだった。

そして始めたのが「ウェンロック・オリンピアンゲームズ」、通称《つうしょう》「ウェンロック・オリンピック」だった。第1回大会は1850年10月。おこなわれた競技《きょうぎ》は、陸上競技《りくじょうきょうぎ》、クリケット、フットボール（サッカー）のほかに、手押《てお》し一輪車競走《いちりんしゃきょうそう》やブタ追いなどの、のどかなものもあった。翌年《よくねん》からはアーチェリーが加《くわ》わり、麻袋《あさぶくろ》レース、ロバレース、綱引《つなひ》きなど、ユニークな競技《きょうぎ》も追加《ついか》された。

「大会にはできるだけ多くの人に参加《さんか》してもらいたい。そのためには、毎年同じ場所でおこなうのではなく、周辺《しゅうへん》のほかの町でも開催《かいさい》するようにしよう」

こうしてブルックスは、１８６０年に「ウェンロック・オリンピアン協会《きょうかい》」を設立《せつりつ》した。まるで、毎回開催《かいさい》都市を変《か》えておこなわれている近代オリンピックのようだ。

「五種競技《ごしゅきょうぎ》をやったら、おもしろいんじゃないかな。古代オリンピックでもおこなわれていたし……。ただ、種目《しゅもく》は同じというわけにはいかないが……」

さらに１８６８年の大会では、ブルックスの希望《きぼう》で五種競技《ごしゅきょうぎ》が加《くわ》えられた。

古代オリンピックでは、徒競走《ときょうそう》、幅跳《はばと》び、円盤投《えんばんな》げ、やり投げ、レスリングがおこなわれていたが、ウェンロック・オリンピックでおこなわれたのは、徒競走《ときょうそう》、綱登《つなのぼ》り、走《はし》り幅跳《はばと》び、走《はし》り高跳《たかと》び、砲丸投《ほうがんな》げの5種目《しゅもく》だった。

5　ブルックスとの出会い

ウェンロック・オリンピックの名前を、クーベルタンはこれまでに何度も聞いていた。パリ万博《ばんぱく》が終わり半年ほどたったころに、見学に行くための計画を立てる。ブルックスに、大会を見に行きたいと書いた手紙を送ると、返事が来た。

「ぜひ、いらしてください。早くお会いしたいと思っています。できればすぐに来てください。心から歓迎《かんげい》します」

「たしか、ウェンロック・オリンピックは毎年春におこなわれていたはずだ。いまは夏。まだずっと先ではないか。すぐに行っても見られない」

そう考えて手紙を書くと、すぐにブルックスから返事がとどいた。

「じつは今年《ことし》の5月に大会は終わってしまっています。ですが、クーベルタン男爵《だんしゃく》、あなたが来てくれるのなら、10月にもう一度大会をおこなってもいい。約束《やくそく》します」

このころ、クーベルタンは情熱《じょうねつ》をもってフランスの教育の改革《かいかく》に取り組んでいた。若《わか》い教育者クーベルタンに、ブルックスもぜひ会ってみたかったのだ。

自分ひとりのためにわざわざ大会を開いてくれるというブルックスからの申し出を、クーベルタンは喜《よろこ》んで受けることにした。

「フランスでも体育を義務化《ぎむか》している小学校が増《ふ》えてきました。でもすべてではありません。教育にスポーツを取り入れることは大事だというあなたのお考えに、私《わたし》は大賛成《だいさんせい》です。10月にお会いして、ぜひそういうお話をしたいと思います」


1890年10月、クーベルタンは船でイギリスにわたり、汽車に乗った。マッチ・ウェンロックの駅に着くと、威厳《いげん》があるがやさしそうな、年配の紳士《しんし》がホームに立っていた。ウィリアム・ペニー・ブルックスだ。ふたりはかたい握手《あくしゅ》をかわした。

「会えてうれしい。よく来てくれました。心から歓迎《かんげい》します」

「私《わたし》もです。願《ねが》いがかなって、こんなにうれしいことはありません」

あいさつもそこそこに、ふたりはブルックスの家へと急いだ。年の差《さ》は50歳以上《さいいじょう》あったが、話しているとそれほどの差《さ》は感じられなかった。

ラグビー校を訪《おとず》れたクーベルタンがおどろいた、チームスポーツを取り入れた教育のこと、フランスとイギリスの教育のちがい、スポーツが教育にはたす役割《やくわり》……。ふたりは熱心《ねっしん》に話し合った。

「これからの教育にスポーツは欠《か》かせませんね。スポーツで生徒《せいと》をはぐくむイギリスの教育のやり方を、フランスも学ばせていただこうと考えています。われわれはイギリスにくらべて何年もおくれているようです」

「いや、もうすぐフランスは追いつくでしょう。クーベルタン男爵《だんしゃく》、私《わたし》はあなたが書く本や新聞記事を読んで、あなたのスポーツと教育にかける情熱《じょうねつ》に、胸《むね》をうたれています。あなたの努《ど》力《りょく》で、まもなくフランスは変《か》わるはずです」

ふたりには共通《きょうつう》の話題がいくらでもあった。食事をしながら話すが、いくら話してもつきない。食事が終わってもとめどなく話題が出てくる。次の日は朝から大会が始まるというのに、ふたりは夜おそくまで語り合った。

翌朝《よくあさ》は雨だった。だが、クーベルタンのためにおこなわれることになった大会だ。中止や延《えん》期《き》は考えられなかった。

となり町の音楽隊《おんがくたい》が先頭に立ってマーチを演奏《えんそう》する。フランス国旗《こっき》も見えた。それに警察署《けいさつしょ》長《ちょう》が馬に乗ってつづく。

「なんというすばらしい歓迎《かんげい》なんだ。私《わたし》はこれまで7度イギリスに来ている。だが、こんなにうれしい出迎《でむか》えを受けたのははじめてだ！」

警察署長《けいさつしょちょう》の後ろをブルックスとクーベルタンが歩いた。ウェンロック・オリンピアン協会《きょうかい》の旗《はた》と花かごをかかえた少年少女、そして選手《せんしゅ》たちがつづく。行列は町を1周《しゅう》して会場に入った。歓迎式典《かんげいしきてん》がおこなわれた。クーベルタンは記念樹《きねんじゅ》としてカシの木を植樹《しょくじゅ》した。

大歓声《だいかんせい》とともに競技《きょうぎ》が始まる。子どもたちの短距離走《たんきょりそう》、大人《おとな》の1マイル（1600メートル）走、そして馬に乗った騎士《きし》がつるされた小さな輪《わ》をヤリで突《つ》きさす「ティルティング」という名の競技《きょうぎ》がおこなわれた。応援《おうえん》する観客《かんきゃく》がもっともり上がる競技《きょうぎ》だ。馬に乗って走りながら、直径《ちょっけい》5センチほどの輪《わ》にヤリを命中させるのはむずかしい。みごとヤリがささると、観衆《かんしゅう》は大きな歓声《かんせい》と拍手《はくしゅ》で選手《せんしゅ》をたたえた。

表彰式《ひょうしょうしき》はまるで古代オリンピックを再現《さいげん》したような、おごそかな雰囲気《ふんいき》でおこなわれた。中央に進み出た勝者は、ひとりの貴婦人《きふじん》の前にひざまずく。その女性《じょせい》はウェンロック・オリンピアン協会《きょうかい》会長の妻《つま》だった。貴婦人《きふじん》は月桂樹《げっけいじゅ》でできた冠《かんむり》を勝者の頭にのせ、メダル

▲表彰式《ひょうしょうしき》のようす

を手わたした。

「ギリシャ神話の勝利《しょうり》の女神《めがみ》が、選手《せんしゅ》の勝利《しょうり》を祝福《しゅくふく》しているようだ」

メダルには、ギリシャ神話に登場する勝利《しょうり》の女神《めがみ》「ニケ」がえがかれていた。ニケは、1928年の近代オリンピック第9回アムステルダム大会以降《いこう》、夏季《かき》オリンピックのメダルにはかならずえがかれている。


つづいてイギリス国歌が演奏《えんそう》される。感動的《かんどうてき》な演出《えんしゅつ》にクーベルタンは心を動かされた。

「勝者はおごそかに、気高《けだか》くたたえられなくてはいけない。この格式《かくしき》ある授与式《じゅよしき》、神聖《しんせい》な月桂《げっけい》樹《じゅ》の冠《かんむり》とメダルの授与《じゅよ》は、高額《こうがく》の賞金《しょうきん》よりもはるかに価値《かち》がある。スポーツの勝者にはこのような祝福《しゅくふく》こそふさわしい。すばらしい式典《しきてん》だ」

夜はホテルで晩餐会《ばんさんかい》がもよおされた。地元の名士《めいし》たちからクーベルタンを歓迎《かんげい》するスピーチがあった。お礼の言葉をのべる。

「私《わたし》はいまから7年前、はじめてイギリスを訪《おとず》れました。じつは、はじめはあまりイギリスが好《す》きではありませんでした。フランスのナポレオンがイギリスには勝てなかったからです。しかし、いまはちがいます。私《わたし》はスポーツを教育に取り入れることを、イギリスから学びまし

た。フランスの若者《わかもの》たちは、ようやく学校でスポーツを通じた教育を受けることができるようになります。すべてイギリスのおかげです」

「ありがとうございます、クーベルタン男爵《だんしゃく》」

「こちらこそありがとうございます、ブルックス博士《はかせ》。ウェンロック・オリンピックはすばらしい。この大会がいつまでもつづくようにいのっています」

晩餐会《ばんさんかい》のあとは舞踏会《ぶとうかい》がもよおされた。そこでもふたりは語り合った。スポーツのすばらしさ、屋外で体を動かすことの楽しさ、若者《わかもの》にとっていかにスポーツが大切か、スポーツは精神《せいしん》力《りょく》もきたえ、知性《ちせい》を身につけることもできる……。話はつきなかった。

フランスにもどったクーベルタンは思った。

「ブルックス博士《はかせ》がウェンロックでやっていることはすごい。古代オリンピックをいまの時代に伝《つた》えているやり方は、高貴《こうき》で正しい。しかし……」

クーベルタンは、オリンピックはひとつの国の大会で終わってはいけない、国際《こくさい》大会でなくてはいけないと考えていた。

「スポーツの祭典《さいてん》は参加《さんか》する選手《せんしゅ》、観客《かんきゃく》の心をひとつにする。自分の故郷《こきょう》や国を愛《あい》する心をもつことができる。それはすばらしいことだ。しかし、私《わたし》はそれをひとつの国にとどめておきたくない。国をこえた世界全体、人類《じんるい》全体がひとつになれるような、そんなスポーツの祭典《さいてん》はできないだろうか……」

6 オリンピック提唱《ていしょう》の失敗《しっぱい》

このころから、クーベルタンはひどくいそがしくなった。フランスの教育にスポーツを取り入れるために教育関係者《かんけいしゃ》と会ったり、スポーツ関連《かんれん》の会議《かいぎ》やイベントに積極的《せっきょくてき》に参加《さんか》したりしていたためだ。

クーベルタンのスポーツ教育にかける熱意《ねつい》は、ますます強くなっていった。そして、スポーツ関係者《かんけいしゃ》からさらに注目されるようになった。純粋《じゅんすい》で、つねに前向きな性格《せいかく》はまわりの人々に愛《あい》された。

知識《ちしき》と情熱《じょうねつ》があり、正しいと思ったことを実現《じつげん》させるための行動力もある。そんな彼《かれ》のまわりには、さらに多くの人が集まってきた。

国会議員《ぎいん》になってほしいという話まで舞《ま》いこんできた。その申し出をクーベルタンはことわった。若者《わかもの》のために、スポーツを通じた教育を実行していきたかったからだ。そのためには自由な立場でいたほうがいい。

正直で説得力《せっとくりょく》のある彼《かれ》の言葉に、人々の心は動かされた。フランス国内でクーベルタンにひかれる人の数は増《ふ》えていった。いつしか国のスポーツ政策《せいさく》には欠《か》かせない人物になっていた。

だが、クーベルタンはこれだけではいけないと考えていた。

「世界とつながらなくてはいけない。イギリスのようなスポーツの先進国から、まだ多くのことを学ばなくてはいけない。それはフランスのためになるはずだ。そして、これがほかの国々へと広がっていけば、世界の人々がみな平和にくらすためにもなる」

クーベルタンはひとつの国だけでなく、世界の人々にとってもスポーツが必要《ひつよう》だと感じていた。

「言葉は国によってことなる。イギリスの片田舎《かたいなか》へ行って、フランス語を話しても通じない。でも、スポーツはちがう」

言葉が通じなくても、徒競走《ときょうそう》で速さを競《きそ》うことはできる。砲丸投《ほうがんな》げで遠くまで投げた選手《せんしゅ》が勝つということだってわかる。走《はし》り高跳《たかと》びで、バーを落とさずに高く跳《と》んだ選手《せんしゅ》が勝つということも理解《りかい》できる。国によって多少のルールのちがいはあっても、フットボール（サッカー）でボールをゴールに入れれば点が入るということだってわかる。

「スポーツは世界共通語《きょうつうご》だ。実際《じっさい》の言葉が通じなくても、スポーツは世界の人々をつなげる力をもっているのだ。スポーツで競《きそ》い合《あ》うことで、平和な世界がきずけるはずだ。古代オリンピックのようなスポーツの祭典《さいてん》を開催《かいさい》したい。いや、しなくてはいけない！」

このころフランスのスポーツ界をリードする立場にあったクーベルタンは、１８８９年、フランス徒競走協会連合会《ときょうそうきょうかいれんごうかい》の会長をつとめていたサン・クレールとともに、「フランス競技《きょうぎ》スポーツ協会連合《きょうかいれんごう》（ＵＳＦＳＡ《ユーエスエフエスエー》）」を結成《けっせい》した。会長は27歳《さい》のクーベルタン。このＵＳＦＳＡ《ユーエスエフエスエー》はそれぞれの競技団体《きょうぎだんたい》をまとめる組織《そしき》で、まずはラグビー、フットボール、テニス、ボート、自転車、陸上競技《りくじょうきょうぎ》の各《かく》クラブが入会した。

１８９２年、クーベルタンはパリ大学ソルボンヌ校の大講堂《だいこうどう》にいた。おこなわれていたのはＵＳＦＳＡ《ユーエスエフエスエー》5周年記念式典《しゅうねんきねんしきてん》だ。ほんとうは5周年《しゅうねん》ではなかったが、きりがいい数字だからという理由で5周年《しゅうねん》にしてしまったのだ。式典《しきてん》には、フランスのスポーツ界の実力者のほかに、国外からの招待客《しょうたいきゃく》もたくさん集まっていた。

フランス国歌『ラ・マルセイエーズ』の演奏《えんそう》につづき、招待客《しょうたいきゃく》のひとりロシアのウラジミール大公に敬意《けいい》を表してロシア国歌が演奏《えんそう》される。オペラ歌手と合唱隊《がっしょうたい》のコーラスにつづき、講演《こうえん》がおこなわれた。ひとり目の講師《こうし》が古代のスポーツを論《ろん》じる。ふたり目は中世のスポーツについてだった。そして3人目、クーベルタンの番が来た。

この瞬間《しゅんかん》を待《ま》ち望《のぞ》んでいた。オリンピックの復興《ふっこう》をこの場で発表し、賛同《さんどう》を得《え》る。きっと、みんな喜《よろこ》んで賛成《さんせい》してくれるにちがいない。

「お集まりのみなさん。有望《ゆうぼう》な若《わか》い選手《せんしゅ》たちを国外へ送り出しましょう。近い将来《しょうらい》、ヨーロッパでは人々が自由に国境《こっきょう》を越《こ》えることができるようになるはずです。そのときこそ、オリンピック復興《ふっこう》のチャンスです。スポーツ選手《せんしゅ》もほかの国の大会に積極的《せっきょくてき》に参加《さんか》できるようになります。オリンピックを開催《かいさい》している国へ行き、競技《きょうぎ》ができるようになるのです」

クーベルタンは熱《あつ》く語った。

「若《わか》い選手《せんしゅ》たちが、スポーツを通じてほかの国の選手《せんしゅ》とたがいに交流するようになったら、すばらしいと思いませんか。世界の若者《わかもの》が理解《りかい》しあえれば、戦争《せんそう》はなくなる。かならず世界平和が達成《たっせい》されます。いまこそ、オリンピックを復興《ふっこう》するのです。みなさん、スポーツを通じた平和を実現《じつげん》しましょう。そのために、ぜひ私《わたし》に力を貸《か》してください。オリンピックを復興《ふっこう》させるという偉大《いだい》な役割《やくわり》を、私《わたし》にあたえてください」

心をこめてクーベルタンは演説《えんぜつ》をおこなった。大きな歓声《かんせい》と拍手《はくしゅ》がわきおこる、はずだった。

しかし……。拍手《はくしゅ》はまばらで、参加者《さんかしゃ》はなにごともなかったかのように、まわりの人々と話を始めた。

「まさか、古代オリンピックのように、選手《せんしゅ》にはだかでスポーツをやらせるつもりじゃないだろうな」

そんなつぶやきが聞こえてきた。

クーベルタンはショックを受けた。

ひとりひとりに声をかける。

「私《わたし》の『オリンピック復興《ふっこう》』の提案《ていあん》について、どのようにお考えですか？」

「楽しい夢《ゆめ》を見させてもらいました。また今度、別《べつ》の楽しい話を聞かせてください」

「クーベルタン男爵《だんしゃく》、いいスピーチでしたよ。ははは……」

こんなはずではなかった。どうして、みんなは私《わたし》の「オリンピック復興《ふっこう》」という重要《じゅうよう》な提案《ていあん》をわかってくれないのだ。

クーベルタンはぼう然《ぜん》としていた。

「おかしい。考えぬいた末《すえ》のスピーチが、みんなに絶賛《ぜっさん》されるはずの話が、どうして受け入れてもらえないのだろう」

その理由がわからず、打ちのめされた気持ちのまま、家路についた。

その夜は眠《ねむ》れなかった。思いのたけを話した。まちがったことは言っていないはずだ。なぜか、それが理解《りかい》されない。オリンピック復興《ふっこう》は絶対《ぜったい》にまちがってなどいないはずだ。

みんなに無視《むし》されてしまったわけを考えているうちに、夜が明けてしまった。朝日が部屋にさしこむころ、クーベルタンはその理由がわかったような気がした。

「私《わたし》のオリンピック復興《ふっこう》の提案《ていあん》を、みんなは、たとえ話としてしか聞いていなかった。私《わたし》が本気でオリンピックを復興《ふっこう》させようと考えているなどと、思わなかったのだ。博物館《はくぶつかん》にある古代ギリシャの神の像《ぞう》をさして、神々をこの世に復活《ふっかつ》させようと言っているようにでも思ったにちがいない。私《わたし》の話は、現実《げんじつ》の話として受け止められなかったのだ」

失敗《しっぱい》だ。大失敗《だいしっぱい》だ。クーベルタンは頭をかかえて毛布《もうふ》にもぐりこんだ。

「会議《かいぎ》の前に、賛成《さんせい》してくれそうな人に話しておくべきだった。具体的《ぐたいてき》な計画をしめさなくてはいけなかった。私《わたし》はただ壇上《だんじょう》でスポーツの理想を話したにすぎなかった。人々を説得《せっとく》するには、こんなやり方ではだめなんだ」

ふつうの人はここであきらめてしまう。だが、けっしてあきらめないのがクーベルタンだ。正しいと思ったことはやりとげる。

「次こそはかならず、みんなに賛成《さんせい》してもらえるようにする。かならずだ！」

クーベルタンは、同じ失敗《しっぱい》は二度とくり返さないと誓《ちか》った。

7　オリンピック復興会議《ふっこうかいぎ》の準備《じゅんび》

うまくいかないとき、クーベルタンはよく旅に出ていた。プリンストン大学のウィリアム・スローン教授《きょうじゅ》からのまねきもあり、クーベルタンは1893年、30歳《さい》のとき、2度目のアメリカ旅行に出た。

彼《かれ》がはじめてアメリカを訪《おとず》れたのは、4年前の1889年。フランス政府《せいふ》からたのまれて、学校を調査《ちょうさ》するために行ったのだ。当時、多くのフランス人は、アメリカ人が考えるのは金もうけのことばかりだと思っていた。アメリカは経済《けいざい》が急成長《きゅうせいちょう》した国だったからだ。しかし、実《じっ》際《さい》に行ってみると、アメリカは経済《けいざい》だけでなく、スポーツに対する考え方も進んでいた。

このころのヨーロッパでは、チームスポーツをはじめスポーツ全般《ぜんぱん》に熱心《ねっしん》だったのはイギリスだけだった。フランスではフェンシング、ドイツでは器械体操《きかいたいそう》と、それぞれの国でひとつのスポーツだけがさかんにおこなわれ、いくつものスポーツを積極的《せっきょくてき》におこなうということがなかった。だが、アメリカでは自由にさまざまなスポーツがおこなわれていた。

「この国では、年齢《ねんれい》や階級《かいきゅう》にかかわらず、平等にスポーツがおこなわれている。ヨーロッパよりはるかに自由だ」

それまでクーベルタンは、学校教育に直接関係《ちょくせつかんけい》しないスポーツには興味《きょうみ》がなかった。しかし、アメリカで陸上競技《りくじょうきょうぎ》、ビリヤード、水泳、ボート、そして生まれて間もない野球という球技《きゅうぎ》を視察《しさつ》するうちに、学校教育とはあまり関係《かんけい》のないスポーツに取り組んでも、若者《わかもの》は健全《けんぜん》に育っていくと思うようになった。

2度目のアメリカ訪問《ほうもん》で、クーベルタンが最初《さいしょ》に訪《おとず》れたのは、シカゴでおこなわれていたコロンブス大陸到達《たいりくとうたつ》400年記念《きねん》の万国博覧会《ばんこくはくらんかい》だった。そこで彼《かれ》は、宗教会議《しゅうきょうかいぎ》に参加《さんか》した。会議《かいぎ》には、世界中からさまざまな宗教《しゅうきょう》学者や聖職者《せいしょくしゃ》が集まってきていた。キリスト教（カトリックとプロテスタント）、ユダヤ教、イスラム教、仏教《ぶっきょう》など、ふだんは対立することの多い人たちが、このときはたがいの批判《ひはん》をせず、手をとりあって輪《わ》になり神にいのったのである。宗教《しゅうきょう》のちがいが戦争《せんそう》に発展《はってん》することもあるというのに、じつに画期的《かっきてき》な会議《かいぎ》だった。出席《しゅっせき》したクーベルタンは感動していた。

「この会議《かいぎ》では宗教《しゅうきょう》も言葉もことなる人たちがひとつになっている。こういうことは、スポーツでもできるはずだ。いや、宗教《しゅうきょう》よりスポーツのほうが、はるかに可能性《かのうせい》がある。スポーツには国を越《こ》えて人々をひとつにする力がある」

クーベルタンは、シカゴを発《た》つと、ニュージャージー州へ移動《いどう》した。プリンストン大学を訪《おとず》れ、ウィリアム・スローン教授《きょうじゅ》に会った。4年ぶりの再会《さいかい》だ。アメリカに興味《きょうみ》をもっていたクーベルタンと、フランスに関心《かんしん》をもっていたスローンは、友人としてつきあうようになっていた。10歳《さい》あまり年上のスローンは、クーベルタンにとって兄のような存在《そんざい》だった。

ふたりはスポーツのこと、教育のことを楽しく語り合った。そして、スローンは思いがけないことを言った。

「古代ギリシャでおこなわれていたオリンピックを復活《ふっかつ》させてはどうだろうか。その大会に各《かっ》国《こく》の選手《せんしゅ》をよべば、ヨーロッパの国々やアメリカ、カナダのようなちがう国の人々が親しくなれるはずだが……」

クーベルタンは、それまで自分が考えていたことと同じことを言うスローンにおどろいた。同時に、とてもうれしい気持ちになった。

「それはすばらしいことです。私《わたし》もまったく同じことを考えていました。オリンピックの復活《ふっかつ》、大賛成《だいさんせい》です。でも、スポーツ大会に参加《さんか》するときの目的《もくてき》は、選手《せんしゅ》によってことなります。賞《しょう》金《きん》をほしがる者、純粋《じゅんすい》に勝利《しょうり》を追求《ついきゅう》する者、さまざまです。参加資格《さんかしかく》はどう考えますか?」

「それは、アマチュアに限《かぎ》ってしまっていいのではないだろうか。スポーツを金もうけの道具につかってはいけないというのが私《わたし》の考えなんだ」

「なるほど。プロには参加資格《さんかしかく》をあたえないということですね」

「そうだね。あとは参加《さんか》する国で選手《せんしゅ》を選《えら》んでもらい、オリンピックに送り出してもらうというのはどうかな。そのとき、アマチュア選手《せんしゅ》だけを選《えら》んでもらうことにすればいいのではないだろうか」

このスローンのアイデアは、クーベルタンの考えに大きく反映《はんえい》されることとなる。そして、のちの近代オリンピックのあり方に大きな影響《えいきょう》をあたえることにもなる。

アメリカから帰国したクーベルタンは、1900年にパリで11年ぶりに万国博覧会《ばんこくはくらんかい》が開催《かいさい》されることを知った。

「19世紀《せいき》の終わり、そして新世紀《しんせいき》の幕開《まくあ》けの万博《ばんぱく》だ。これはすごい規模《きぼ》になるだろう。この万博《ばんぱく》にあわせてパリでオリンピックを復興《ふっこう》させよう。近代オリンピック第1回大会はパリでおこなうのだ」

クーベルタンは、さっそく、オリンピック復興《ふっこう》のための会議《かいぎ》を開くことにした。今度は前回のような失敗《しっぱい》はゆるされない。会議《かいぎ》は半年後、１８９４年６月にパリ大学ソルボンヌ校の大講堂《だいこうどう》でおこなう。

まず、案内状《あんないじょう》を作成《さくせい》した。

「案内状《あんないじょう》には、あえてオリンピックのことをあまり書かないようにしよう。前回の会議《かいぎ》でオリンピック復興《ふっこう》に反対した人にも、来てもらわなくてはならないから……」

そのため案内状《あんないじょう》には、アマチュア問題を解決《かいけつ》しスポーツ全般《ぜんぱん》を改善《かいぜん》するという目的《もくてき》を中心に書いた。こうした会議《かいぎ》に向けたこまごまとした準備《じゅんび》は、睡眠《すいみん》時間をけずっておこなった。強い情熱《じょうねつ》が彼《かれ》を動かしていた。

案内状《あんないじょう》は、世界各国《かっこく》の政府要人《せいふようじん》、スポーツ関係者《かんけいしゃ》など、さまざまな人々に送った。しかし、ひと月たっても反応《はんのう》はほとんどなかった。いてもたってもいられず、参加者《さんかしゃ》を増《ふ》やすために、イギリスを訪《おとず》れることにした。それは、オリンピック復興《ふっこう》の支持《しじ》を集めるためでもあった。

「いまスポーツにとってアマチュア問題を解決《かいけつ》することが必要《ひつよう》です。そしてヨーロッパのスポーツのさらなる発展《はってん》のために、１９００年にパリでオリンピックを開催《かいさい》したいとも思っています。会議《かいぎ》に出席《しゅっせき》してもらえませんか」

熱心《ねっしん》に説明《せつめい》したものの、ほとんど手ごたえはない。関心《かんしん》をしめしてくれたのは貴族《きぞく》たちだけだった。

しかし、このクーベルタンの努力《どりょく》は、少しずつ実を結《むす》びはじめた。ギリシャのゲオルギオス国王、同じくコンスタンティノス皇太子《こうたいし》、ベルギーの国王、スウェーデンの皇太子《こうたいし》、ロシアの皇太子《こうたいし》、イギリスのウェールズ皇太子《こうたいし》などの大物から会議《かいぎ》の開催《かいさい》に対して祝電《しゅくでん》がとどいた。つまり、これらの国からは、まちがいなく有力者が参加《さんか》するということだ。

問題はドイツだった。フランス国内には、ドイツを参加《さんか》させたくないとする人たちがいた。1870年から1年間つづいた普仏戦争《ふふつせんそう》をうらみに思っている人たちだ。

「ドイツが来るのなら、われわれは会議《かいぎ》からぬける」

これを聞いて、クーベルタンは怒《おこ》った。

「いいかげんにしろ。何を言っているんだ。私《わたし》たちはこれまで、そういうにせものの愛国心《あいこくしん》に何度苦しめられてきたことか。普仏戦争《ふふつせんそう》など過去《かこ》のことだ。私《わたし》は信念《しんねん》をもって未来《みらい》に目を向けるぞ」

そしてクーベルタンは、心のせまい一部のフランス人のおどしをはねのけるように、あえてドイツに参加《さんか》を強くよびかけた。だが、ドイツの反応《はんのう》は冷《つめ》たかった。

会議《かいぎ》がおこなわれる6月まで、あと2か月にせまっていた。

「少しずつ参加者《さんかしゃ》は増《ふ》えているものの、まだまだたりない」

クーベルタンは手紙を書きつづけ、ひたすら参加《さんか》をよびかけた。

そのうちに、第1回近代オリンピックはぜひわが国でおこなってほしい、という内容《ないよう》の手紙がとどくようになる。クーベルタンが手紙に「第1回大会は1900年にパリでおこないたい」と書いているにもかかわらず、スウェーデン政府《せいふ》は、ストックホルムで開催《かいさい》してほしいと言ってきた。ギリシャ国王からは、第1回大会はギリシャで開催《かいさい》することが決まったかのように、お礼の電報《でんぽう》がとどいた。第1回大会が開催《かいさい》されるのであれば、その記念《きねん》すべき大会はぜひわが国で、と考える国が増《ふ》えてきたのである。

「多くの国がオリンピックの開催《かいさい》に興味《きょうみ》をもつようになってきた。あと一歩だ。会議《かいぎ》では全員一致《いっち》で賛成《さんせい》してもらわなくてはいけない。いや、心をひとつにして熱狂的《ねっきょうてき》にオリンピックの復興《ふっこう》を宣言《せんげん》することこそが必要《ひつよう》なのだ」

クーベルタンは何かにとりつかれたように、ますます準備《じゅんび》に打ちこんでいった。

「理屈《りくつ》で説得《せっとく》するよりも、感情《かんじょう》にうったえることが重要《じゅうよう》だ。納得《なっとく》させるよりも、誘惑《ゆうわく》することが成功《せいこう》への近道だ。会議《かいぎ》は雰囲気《ふんいき》づくりがなによりも大切なことだ」

選手《せんしゅ》も観客《かんきゃく》も感動するスポーツ競技《きょうぎ》大会の夢《ゆめ》、目にうかぶ古代オリンピックの情景《じょうけい》、万国博《ばんこくはく》覧会《らんかい》の高まり、それらがすべてクーベルタンを包《つつ》んだ。

「もう後もどりはできない。行動するのみ。やるしかないんだ」

クーベルタンはけっして理屈《りくつ》で人を説得《せっとく》するタイプではなかった。ただ、やる気と迫力《はくりょく》、なんといっても実行力において彼《かれ》に勝《まさ》る者はいなかった。それが、人々を引きつけた。

オリンピックを復興《ふっこう》させるこの会議《かいぎ》のために、クーベルタンは多額《たがく》の財産《ざいさん》をつぎこんだ。だが、そのことはまったく気にしていなかった。

「オリンピック復興《ふっこう》のためなら、私《わたし》の財産《ざいさん》などなくなってしまってもいい。お金より大事なものがオリンピックにはある」

8　パリ会議《かいぎ》

　１８９４年６月16日、ソルボンヌの大講堂《だいこうどう》にはヨーロッパやアメリカから２０００人もの人々が集まった。王族もいれば、議員《ぎいん》や競技団体《きょうぎだんたい》のトップもいる。クーベルタンの努力《どりょく》でここまで多くの有力者が集まったのだ。

　クーベルタンはソルボンヌの大講堂《だいこうどう》を気に入っていた。19世紀《せいき》フランスを代表する壁画家《へきがか》として知られるシャバンヌの壁画《へきが》、さまざまな彫像《ちょうぞう》をはじめ、豪華《ごうか》な装飾《そうしょく》……。画家だった父の影響《えいきょう》を受けたクーベルタンは、一流の美《び》術《じゅつ》作品にいろどられたこの空間が好《す》きだった。

「古代のオリンピックを現代《げんだい》によみがえらせるにふさわしい舞台《ぶたい》だ」

　座席《ざせき》は各国《かっこく》の有力者たちでうめつくされている。

▲ソルボンヌの大講堂《だいこうどう》

「失敗《しっぱい》はゆるされない……」

あらためてクーベルタンは気をひきしめた。

いつもは、会議《かいぎ》のあとに祝典《しゅくてん》とパーティーがおこなわれるのだが、クーベルタンは順序《じゅんじょ》を逆《ぎゃく》にした。そのほうが、強い印象《いんしょう》をあたえることができる。

「とにかく参加者《さんかしゃ》の心をうばうことだ」

初日《しょにち》の祝典《しゅくてん》は、スポーツをたたえる詩の朗読《ろうどく》から始まった。シャンパンで乾杯《かんぱい》したあとは、この日のメインイベント、古代の曲『アポロへの讃歌《さんか》』の演奏《えんそう》がおこなわれた。

古代ギリシャで演奏《えんそう》されていた、神々にささげる祭典《さいてん》をたたえるおごそかな曲である。これは、ギリシャのデルフォイの遺跡《いせき》の石の壁《かべ》に楽譜《がくふ》がきざまれているのが発見されたものだ。この音楽の効果《こうか》は絶大《ぜつだい》だった。

「すばらしい。古代の遺跡《いせき》から神がよみがえった」

「古代にタイムスリップしたようだ」

大講堂《だいこうどう》に集まった2000人が、2000年前のしらべに、いま、酔《よ》いしれている。神々をたたえるハーモニーが、参加者《さんかしゃ》たちを古代ギリシャのおごそかな雰囲気《ふんいき》の中に引きこんでいる

のだ。聖《せい》なるハーモニーに、参加者《さんかしゃ》たちの心は大きくゆさぶられた。

このとき、ヘレニズム（古代ギリシャ文化）が、会場を支配《しはい》した。

「ムードは最高潮《さいこうちょう》だ。きっとなにもかもがうまくいく」

このときのようすを、イギリスの新聞「タイムズ」は次のように書いた。「ギリシャの『讃歌《さんか》』の哀《かな》しくも美しい和音は、この会議《かいぎ》の理念《りねん》を支持《しじ》するどの議論《ぎろん》よりも、明らかに雄弁《ゆうべん》だった」

パーティーのあと、アマチュア問題を議論《ぎろん》する委員会と、オリンピック大会について話し合う委員会が設置《せっち》された。そこでは賞金《しょうきん》かせぎをどうやって追い出すか、プロとアマチュアをどうやって区別《くべつ》するかといったことを中心に話し合いがおこなわれた。その結果《けっか》、肉体労働者《ろうどうしゃ》でも参加《さんか》できる、賞金《しょうきん》は出さない、出場に必要《ひつよう》な費用《ひよう》は支給《しきゅう》することなどが決まった。

オリンピック大会については、メンバーがほとんどクーベルタンの意見にしたがった。競技《きょうぎ》はすべて近代スポーツにする、国際《こくさい》オリンピック委員会《いいんかい》（ＩＯＣ《アイオーシー》）を設《もう》けることなどが決められた。

こうした委員会での話し合いの合間に、クーベルタンは次から次へと豪華《ごうか》なパーティーを開き、参加者《さんかしゃ》たちをおどろかせた。１０００本のたいまつをともした夜の競技場《きょうぎじょう》で、参加者《さんかしゃ》はワイングラスを片手《かたて》に、徒競走《ときょうそう》やフェンシングの試合《しあい》を観戦《かんせん》した。音楽が演奏《えんそう》され、花火がパーティーのフィナーレをかざった。

フェンシングの公開試合《じあい》を見ながらの昼食会もおこなわれた。ヨットとボートの選手《せんしゅ》のパレード付《つ》きの昼食会もあった。テニス大会とともに晩餐会《ばんさんかい》もおこなわれた。フランス政府《せいふ》の大臣《じん》やパリ市議会議長《しぎかいぎちょう》には、パリ市役所の中のふだんは入れない豪華《ごうか》な部屋などに参加者《さんかしゃ》を案内《あんない》してもらった。

最終《さいしゅう》の会議《かいぎ》は6月23日、パリの西部にある大きな森の公園「ブーローニュの森」でおこなわれた。クーベルタンをはじめ、数人の有力者がスピーチをおこなった。

そのうちのひとり、フランスの言語学者ミシェル・ブレアルからは、「第1回オリンピックで、マラソンを実施《じっし》してはどうだろう」という提案《ていあん》もあった。

そしてついに、オリンピック復興《ふっこう》について投票《とうひょう》がおこなわれた。その結果《けっか》、満場一致《まんじょういっち》で復興《ふっこう》が決まった。ここまではクーベルタンのシナリオどおりだった。ところが……。

「第1回大会の開催《かいさい》まで6年もある。長すぎるのではないか」

「そうだな、ちょっと長いな」

「1900年を第2回大会として、第1回大会をその前にやってはどうだろう」

「4年に一度というルールを変《か》えることはできない。とすると、2年後の1896年ということか」

「それがいい、賛成《さんせい》だ」

「私《わたし》も賛成《さんせい》！」

「私《わたし》も賛成《さんせい》だ！」

次々と賛成《さんせい》の声が上がり、第1回大会を1896年におこなうことが決議《けつぎ》されてしまった。

「第1回大会は1900年にパリでおこなうつもりだったが、しょうがない。みんなが納得《なっとく》する方法《ほうほう》を考えよう」

クーベルタンは、ギリシャのディミトリオス・ビケラスにこっそりと相談した。

「オリンピックが成功《せいこう》するのなら、1900年のパリ大会が第1回でなくてもいい。それを第2回とすることとして、第1回大会の場所はアテネというのはどうだろう。古代オリンピックがおこなわれていた国で歴史的《れきしてき》な第1回大会をおこなうのは、すばらしいことではないだろうか」

「ありがとうございます。では、遠慮《えんりょ》なくアテネが立候補《りっこうほ》させていただきます」

こうして2年後の１８９６年に、ギリシャのアテネで近代オリンピック第1回大会をおこなうことが満場一致《まんじょういっち》で決まったのである。

さらに、はじめての国際《こくさい》オリンピック委員会《いいんかい》（ＩＯＣ《アイオーシー》）の総会《そうかい》がおこなわれた。メンバーの13人はクーベルタンが推薦《すいせん》し、投票《とうひょう》で全員が選《えら》ばれた。会長にはギリシャ人のビケラスを選《えら》んだ。

「大会開催地《かいさいち》の代表が会長をつとめるのがいいだろう。会長は、4年ごとにかわればいい」

クーベルタン自身は事務総長《じむそうちょう》につき、運営《うんえい》を取りしきることにした。

この6月23日はその後、オリンピックデーとして記念《きねん》イベントが開かれるようになる。

▲1896年におこなわれた第2回 ＩＯＣ《アイオーシー》 総会《そうかい》の委員たち。いすにすわる左の人物がクーベルタンで、真ん中がビケラス

9 第1回オリンピックの開催《かいさい》に向けて

大きな会議《かいぎ》が終わった。クーベルタンの考えていたとおりの結果《けっか》をみちびきだすことができた。だが、第1回大会まで2年しかない。その間に準備《じゅんび》をすべておこなわなくてはいけない。IOC《アイオーシー》（国際《こくさい》オリンピック委員会）のメンバーの半数以上《いじょう》は、名前だけの委員で、実際《じっさい》に動いてもらうことはできない人たちだった。

「ようやく、オリンピックが復興《ふっこう》できることになった。だが、安心しているひまはない……」

いままでは、各国《かっこく》の要人《ようじん》やスポーツ界の有力者たちを集めて会議《かいぎ》をおこない、オリンピック復興《ふっこう》に賛成《さんせい》してもらうために努力《どりょく》してきた。だが、いまからはオリンピックという大会、それも記念《きねん》すべき第1回大会を無事《ぶじ》に開催《かいさい》することが目的《もくてき》となる。会議《かいぎ》を開くのとは、人数も、開催《かいさい》場所の規模《きぼ》も、予算も、くらべものにならないほど大きくなる。

しかも、オリンピックはひとつの地域《ちいき》だけのスポーツ大会ではない。世界から選手《せんしゅ》を集める国際《こくさい》大会だ。歴史的《れきしてき》にみても最大《さいだい》のスポーツ大会になるはずだ。それに、この大会はクーベルタンの地元フランスではなく、ギリシャという別《べつ》の国でおこなうのだ。パリ会議《かいぎ》の成功《せいこう》にほっとしている余裕《よゆう》はなかった。

ひと月後の7月、クーベルタンのもとに電報《でんぽう》がとどいた。ギリシャのコンスタンティノス皇《こう》太子《たいし》の側近《そっきん》からだった。

「オリンピックの開催《かいさい》がアテネに決まり、国王と皇太子《こうたいし》はたいへん喜《よろこ》んでいらっしゃいます」

10月、IOC《アイオーシー》会長のビケラスから手紙がとどいた。

「ギリシャの人たちは、オリンピック復興《ふっこう》を喜《よろこ》んでいます。カリラオス・トリクーピス首相《しゅしょう》を訪《たず》ねたとき、首相《しゅしょう》はこのように言っておられました。『この結果《けっか》は望《のぞ》んでいなかった。だが、決まったからにはがんばらなくてはいけない』」

この文面からクーベルタンは、いやな雰囲気《ふんいき》を感じとった。

「これは『望《のぞ》んでいなかった結果《けっか》になった。でも決まったからには、計画がうまくいくようにがんばる』ということではなく、『望《のぞ》んでいなかった結果《けっか》になってしまった。そうなったからには、計画をやめさせるようにがんばる』ということではないだろうか。おそらく、ビケラスは誤解《ごかい》しているのだ」

このクーベルタンの読みは当たっていた。当時ギリシャの収入《しゅうにゅう》の3分の1は、外国からの借金《しゃっきん》の返済《へんさい》にあてられており、トリクーピス首相《しゅしょう》は、国の支出《ししゅつ》を減《へ》らそうとしていた。財政《ざいせい》が苦しいときに、オリンピックなどという金のかかることはやめさせなくてはいけない、と考えたのだ。

　一方、ビケラスは、かつて「ザッパス・オリンピック」をおこなったザッパス財団《ざいだん》を母体として、アテネオリンピックの組織《そしき》委員会を立ち上げようとしていた。エバンゲリス・ザッパスは30年前に亡《な》くなっていたが、財産《ざいさん》は残《のこ》っていて、パナシナイコ・スタジアムの管理《かんり》などをおこなっていた。

　ところが、トリクーピス首相《しゅしょう》は、ザッパス財団《ざいだん》がオリンピックの復興《ふっこう》にかかわれないように圧力《あつりょく》をかけてきた。そして、首相《しゅしょう》の仲間《なかま》はクーベルタンに手紙を書いた。

「クーベルタン様、このたびのオリンピックの復興《ふっこう》は、ギリシャ国民《こくみん》に深い満足《まんぞく》をあたえ、みな光栄《こうえい》に思っています。しかし、現在《げんざい》、ギリシャは深刻《しんこく》な経済危機《けいざいきき》をむかえています。そのギリシャが国際的《こくさいてき》な大会を開催《かいさい》することは困難《こんなん》です。しかし、フランスなら、パリなら、そのような大会を開くことができます。パリでおこなえば、成功《せいこう》はまちがいありません。

　われわれの国にあたえてくださったこの大きな名誉《めいよ》を辞退《じたい》しなくてはならないことは、とても残念《ざんねん》です。しかし、ギリシャという国の資産《しさん》をみれば、ほかに道はないのです」

　この手紙を読んだクーベルタンは、やる気を失《うしな》うどころか、ますますがんばろうと考えた。

「1900年には、確実《かくじつ》にパリでオリンピックをおこなうのだ。万国博覧会《ばんこくはくらんかい》とオリンピックを同時におこなうことで、パリはこの年に世界一の都市になる。そのためには、4年前にあたる1896年の第1回オリンピックは、なんとしてもアテネで開き、成功《せいこう》してもらわなくてはならない」

トリクーピス首相《しゅしょう》も負けてはいない。クーベルタンがオリンピック開催《かいさい》に向けたさまざまな会議《かいぎ》に出席《しゅっせき》するためにアテネに滞在《たいざい》している10月末《すえ》、フランス大使と朝食をとっている最中《さいちゅう》に、何の連絡《れんらく》もなくいきなり入ってきた。

トリクーピスは、口調《くちょう》はていねいだが、話す内容《ないよう》は先日の手紙と同じだった。

「どうか、わが国にご滞在中《たいざいちゅう》に、ご自身の目でこの国の経済《けいざい》の状態《じょうたい》をじっくりとごらんください。オリンピック開催《かいさい》など夢《ゆめ》であることが、おわかりいただけるはずです」

クーベルタンはトリクーピスの言ったとおりに、アテネの街《まち》を視察《しさつ》してみた。しかし、そこで見たものは、貧困《ひんこん》に苦しんでいる民衆《みんしゅう》のすがたではけっしてなかった。首都にふさわしい活気にあふれ、古代ギリシャの遺産《いさん》を大切に守っている人々のすがただった。

そして、アテネには、すばらしいスポーツ施設《しせつ》もあった。

「この国はだいじょうぶだ。オリンピックを復興《ふっこう》させることによって、進歩するはずだ。オリンピック大会の開催《かいさい》こそ、この国の未来《みらい》にとって必要《ひつよう》なことなのだ。しかも、国民《こくみん》はオリンピックを成功《せいこう》させようと、ひとつになって努力《どりょく》している。やはり、ここでやめてはいけない」

アテネでオリンピックを開催《かいさい》しようとするクーベルタンと、やめさせようとするトリクーピスとのはげしいたたかいが始まった。はじめは互角《ごかく》だった両者だったが、クーベルタンに強い味方があらわれた。ギリシャ王室である。

当時、ギリシャにはふたつの党《とう》があり政権交代《せいけんこうたい》をくりかえしていたが、トリクーピスの党《とう》は王室に対して批判的《ひはんてき》だった。ゲオルギオス国王とコンスタンティノス皇太子《こうたいし》は、王室と親しい関係《かんけい》にあるもうひとつの党《とう》とともにオリンピックの開催《かいさい》をおしすすめた。王室を味方につけたことで、クーベルタンはトリクーピスに対して圧倒的《あっとうてき》に優位《ゆうい》に立つことができたのだ。

オリンピックはたんなるスポーツ大会ではないことを、クーベルタンは強調した。そのすばらしさを人々に伝《つた》えることが大事だと考えたのだ。

「オリンピックは、世界の平和を愛《あい》する心がスタジアムにあふれ、欲《よく》がなく誇《ほこ》り高い精神《せいしん》をはぐくんでいきます。選手《せんしゅ》たちは、肉体をきたえるだけでなく、世界平和のためにつくすことができるのです。世界中の若者《わかもの》が4年ごとに出会い、たがいに友情《ゆうじょう》をはぐくむ場所を、われわれは提供《ていきょう》しなくてはいけません。それがオリンピックなのです。選手《せんしゅ》たちはことなる文化をもつ人々との出会いを通じて学び、やがて無知《むち》による誤解《ごかい》やにくしみ、争《あらそ》いから解放《かいほう》されることでしょう」

組織《そしき》委員会の会議《かいぎ》でクーベルタンは語った。

この熱心《ねっしん》なスピーチにくわえ、皇太子《こうたいし》が組織《そしき》委員会の会長になっていたため、いまさらオリンピックの開催《かいさい》に反対する者はいなかった。実施《じっし》する競技種目《きょうぎしゅもく》や大会日程《にってい》はクーベルタンの案《あん》にもとづいて決まり、準備《じゅんび》はととのった。クーベルタンは信頼《しんらい》できるビケラスにあとをまかせて、アテネから去ることにした。

フランスに帰る前に、オリンピアの遺跡《いせき》へ立《た》ち寄《よ》ることにした。だが意外に時間がかかり、オリンピアに着いたときには夕方になっていた。

「いまから遺跡《いせき》に行っても、真っ暗でほとんど見えないと思いますよ。明日《あす》にしたらどうですか？」

ホテルの人に言われたが、神秘的《しんぴてき》な夜の遺跡《いせき》をひと目見たくて出かけた。遺跡《いせき》は闇《やみ》におおわれ、静《しず》けさにつつまれていた。

とつぜん雲の間から月の光がさし、遺跡《いせき》をいきいきと照《て》らした。だがそれも一瞬《いっしゅん》のことで、

また雲が光をさえぎる。すんだ風が吹《ふ》いてきた。ふたたび月の光が遺跡《いせき》をうかびあがらせる。

「2000年前もきっとこうだったのだろう。この聖地《せいち》に集まった人々も、こうして同じ月をながめたのだ。その2000年前のオリンピアと会いたくて、私《わたし》はやってきた。そして現代《げんだい》に生きる若者《わかもの》たちにも、2000年前の競技祭《きょうぎさい》の感動をとどけたい。だが、この私《わたし》がそんな、だいそれたことをしてよいのだろうか。私《わたし》がやろうとしていること、私《わたし》がしていることは、正しいのだろうか……」

雲が月をかくし、あたりはすっかり闇《やみ》におおわれた。

「明日《あす》の朝、また来よう」

ホテルに向かった。


翌朝《よくあさ》、東の空の星が、ひとつまたひとつと消えていき、うすぼんやりとしてきたころ、クーベルタンはふたたび遺跡《いせき》に向かった。木々が生《お》い茂《しげ》る丘《おか》を朝日が黄金色《こがねいろ》にそめていく。腰《こし》をおろしてながめていると、しだいに丘《おか》は草の緑色をとりもどし、遺跡《いせき》がすがたをあらわした。

クーベルタンは古代に思いをはせる。

ひとりの召使《めしつか》いが、ヘルメスの像《ぞう》の足元に香《こう》をそなえるために神殿《しんでん》の階段《かいだん》をのぼっていく。

明るい場所に目をうつすと、ひとりの旅人が何かを書いている。あの人は、パウサニアスではないだろうか。『ギリシャ案内記《あんないき》』を書いた2世紀《せいき》の地理学者だ。絵をえがいている人も見える。このオリンピアは、神々が宿る聖《せい》なる場所であり、スポーツの聖地《せいち》であった。そして、それだけではなかった。芸術《げいじゅつ》にとっても聖地《せいち》だったのだ。

最高神《さいこうしん》ゼウスの聖域《せいいき》からスタジアムに入るためには、門をくぐらなくてはいけない。クーベルタンは門の横に立つ。かつて何人もの選手《せんしゅ》がここをくぐってスタジアムにすがたをあらわした。

全裸《ぜんら》の選手《せんしゅ》は緊張《きんちょう》し、心臓《しんぞう》がはりさけそうだったにちがいない。1歩ふみ出すと、大歓声《だいかんせい》が選手《せんしゅ》をむかえる。観衆《かんしゅう》に向かって大きく手を振《ふ》ると、ますます歓声《かんせい》が大きくなる。

ファンファーレが鳴り始めると歓声《かんせい》がやみ、鳴り終わるとふたたび大きな声につつまれる。選手《せんしゅ》はその声にはげまされながら、だが恐《おそ》れおののきながら足を進める。息が荒《あら》くなり、全身から汗《あせ》がほとばしる。そして競技《きょうぎ》が始まる。

そうした緊張《きんちょう》の場面が何度くり返されただろう。

「何人も勝者があらわれ、勝者の何倍もの敗者《はいしゃ》が生まれる。神々にささげる競技祭《きょうぎさい》。1200年もつづいたドラマ。そんな想像《そうぞう》もできないような聖《せい》なる祭典《さいてん》を、私《わたし》は復活《ふっかつ》させようとしている。そんなことを私《わたし》がしていいのだろうか。できるのだろうか」

クーベルタンの脳裏《のうり》に昨夜《さくや》と同じ疑問《ぎもん》がわき上がり、頭をかかえた。

「私《わたし》はなにもかも、たったひとりで決めてきた。よかったのだろうか。急ぎすぎたのではないだろうか」

これからやろうとすることの大きさと重さに押《お》しつぶされそうになり、自分があまりに小さな存在《そんざい》に思えてきた。こわかった。

「だが、ここまできたらもう引き下がることはできない」

不安《ふあん》とたたかいながら、クーベルタンは一歩ずつ歩んでいった。

10 第1回アテネ大会開催《かいさい》

クーベルタンがアテネを去ったあとも、首相《しゅしょう》のトリクーピスは大会をやめさせようとしていた。しかし、しばらくして、トリクーピスはオリンピックとは関係《かんけい》のない、軍隊《ぐんたい》に関《かん》する問題で首相《しゅしょう》をやめることになったのだ。

このことが、開催《かいさい》を望《のぞ》むコンスタンティノス皇太子《こうたいし》を勢《いきお》いづかせた。皇太子《こうたいし》はオリンピック記念《きねん》切手の発行を認《みと》めるとともに、国外にいる裕福《ゆうふく》なギリシャ人に寄付《きふ》をたのんだ。

「競技場《きょうぎじょう》を建設《けんせつ》するのに、資金《しきん》が不足《ふそく》しています。寄付《きふ》をお願《ねが》いできませんか。古代オリンピックの復興《ふっこう》には、ギリシャの未来《みらい》がかかっているのです」

「わかりました、皇太子殿下《こうたいしでんか》。ギリシャのために寄付《きふ》しましょう」

「私《わたし》も寄付《きふ》します」

「私《わたし》もしましょう」

国外に住む何人ものギリシャ人から、寄付金《きふきん》がとどけられた。なかでもエジプトのアレクサンドリアに住んでいるゲオルギオス・アベロフは、かつて「ザッパス・オリンピック」で使用されたメインスタジアム「パナシナイコ・スタジアム」の再《さい》建《けん》のために、多額《たがく》の寄付《きふ》をおこなった。

多くのギリシャ人が、オリンピック開催《かいさい》に向けて一丸となって動き出したのだ。

たくさんの寄付《きふ》のおかげでスタジアムの建設《けんせつ》が始まると、次の大きな仕事は大会までに世界中から選手《せんしゅ》を集めることだった。これはパリにもどったクーベルタンがやらなくてはならなかった。どんな文面で、だれに向けて招待状《しょうたいじょう》を送るかなどは、クーベルタン以外《いがい》にわかる者がいなかったのだ。

クーベルタンは、さっそくスポーツ界の有力者や国の役人などに、選手《せんしゅ》の派遣《はけん》をもとめるための招待状《しょうたいじょう》を送った。

ところが、よい反応《はんのう》はなかった。クーベルタンの地元フランスでも、政府《せいふ》やスポーツ関係者《かんけいしゃ》は冷《つめ》たかった。

「どうしてフランスの選手《せんしゅ》がアテネなどへ行くのに、お金を出さなくてはいけないんだ」

「フランスでおこなう大会じゃないから、どうでもいい」

▲パナシナイコ・スタジアムの工事のようす

クーベルタンは、陸上競技《りくじょうきょうぎ》、水泳、テニス、自転車など、多くの競技団体《きょうぎだんたい》にもはたらきかけた。

「それほど多くの国が参加《さんか》しないようだから、うちは選手《せんしゅ》を送る気はないよ」

いくつかの競技団体《きょうぎだんたい》は、選手《せんしゅ》の派遣《はけん》をことわってきた。

結局《けっきょく》、第1回アテネ大会に参加《さんか》すると言ってきたフランス人選手《せんしゅ》は、十数人しかいなかった。スポーツがヨーロッパでもっとも進んでいるイギリスでさえも、同じようなことになってしまっていた。イギリスではクーベルタンがやろうとしているオリンピックがどういったものかわからず、「イギリスでもスポーツの競技大会《きょうぎたいかい》をやればいい」という声があがっていた。

「わかりました。選手《せんしゅ》を送りましょう」

アメリカが多少やる気をみせてくれたのは、クーベルタンにとってうれしい知らせになった。とはいっても、全部で参加選手《さんかせんしゅ》は100人あまり、観客《かんきゃく》は2000~3000人ほどしか見こめない。

「こんな数では、組織《そしき》委員会には報告《ほうこく》できない……」

クーベルタンは、オリンピックに向けてもり上がっているアテネの組織《そしき》委員会に話せないでいた。しかし、ギリシャは、そのことを感じとっていた。

「どうも、参加選手《さんかせんしゅ》の数が少ないようだ。クーベルタンを当てにしていてもしょうがない。自分たちでも、選手《せんしゅ》を集めよう」

このころからギリシャではクーベルタンにたよらず、自分たちでオリンピックを成功《せいこう》させようという気運が高まっていった。

クーベルタンぬきの会議《かいぎ》が増《ふ》えた。

「彼《かれ》らは『オリンピックが成功《せいこう》しそうだ』と思ったときから、もう私《わたし》を必要《ひつよう》としなくなってしまった。私《わたし》はこのオリンピック復興《ふっこう》のために、どんなに努力《どりょく》をしてきたことか。それなのに、組織《そしき》委員のなかには私《わたし》と口をきかなくなった者もいる。ギリシャ人の勢《いきお》いに火をつけたのは私《わたし》だ。火の勢《いきお》いが強すぎてしまったのだろうか」

第1回アテネ大会に向けて、組織《そしき》委員会は準備《じゅんび》を着々と進めていった。だが、その中にクーベルタンはいなかった。

1896年4月6日、記念《きねん》すべき近代オリンピック第1回アテネ大会の開会式の日。クーベルタンは、馬車に乗って開会式がおこなわれるスタジアムをめざした。

アテネの街《まち》は、歓喜《かんき》にあふれていた。

「彼《かれ》らだけでよくここまでできたものだ」

クーベルタンは感心した。自分がいなくても、オリンピック大会をつくり上げたギリシャの人々の力を心から喜《よろこ》んだ。一方で、大会の準備《じゅんび》にほとんどよばれず、彼《かれ》をはずして、オリンピックを独占《どくせん》したようにふるまうアテネの組織《そしき》委員会に対しては、腹立《はらだ》たしい気持ちがあった。

「わが国は、そして私《わたし》はオリンピックを成功《せいこう》させなければなりません……ギリシャ国民《こくみん》と、この式典《しきてん》を祝《いわ》うために集まってくれた各国《かっこく》の方々に神のおぼしめしがありますように……」

コンスタンティノス皇太子《こうたいし》のあいさつは、オリンピックを復興《ふっこう》させる中心となったのは、まさに自分自身だといわんばかりの内容《ないよう》だった。クーベルタンは、それまでの努力《どりょく》をないがしろにされたような気分になり、正直、おもしろくなかった。

だが、ゲオルギオス国王の開会宣言《せんげん》につづいて『オリンピック讃歌《さんか》』が演奏《えんそう》され、合唱隊《がっしょうたい》のおごそかな歌に多くの観客《かんきゃく》が心をうばわれるようすを見ていると、感動はクーベルタンにも伝《つた》わってきた。

「やはり、やってよかった。みんながこんなに喜《よろこ》んでくれている」

式典《しきてん》が終わると、トラックでは陸上競技《りくじょうきょうぎ》の準備《じゅんび》が始まった。最初《さいしょ》におこなわれる種目《しゅもく》は

100メートル走の予選《よせん》だ。3つの組に分けておこなわれたが、どの組も1位《い》はアメリカの選手《せんしゅ》だった。2位《い》にはギリシャやドイツの選手《せんしゅ》が入ったが、アメリカの選手《せんしゅ》が圧倒的《あっとうてき》に速かった。

このオリンピックで最初《さいしょ》に優勝《ゆうしょう》したのは、三段跳《さんだんと》びのジェームス・コノリー、やはりアメリカの選手《せんしゅ》だった。

この大会では最終日《さいしゅうび》にまとめて全選手《せんしゅ》の表彰式《ひょうしょうしき》がおこなわれる。また、1位《い》の選手《せんしゅ》には銀メダル、2位《い》には銅《どう》メダルが授与《じゅよ》されるが、3位《い》には何もあたえられない。1位《い》と2位《い》の選手《せんしゅ》は最終日《さいしゅうび》が待ちどおしかった。

アメリカは選手《せんしゅ》が活躍《かつやく》しただけでなく、応援団《おうえんだん》も陽気でにぎやかだった。数は少ないはずなのに、会場全体にひびきわたる大声で応援《おうえん》する。客席《きゃくせき》のおよそ9割《わり》をしめるギリシャ人の観《かん》客《きゃく》たちは、そのアメリカの応援《おうえん》を見て笑顔《えがお》になり、1位《い》になったアメリカ人選手《せんしゅ》に拍手《はくしゅ》を送った。いつしかギリシャ人とアメリカ人の観客《かんきゃく》どうしは仲《なか》よくなっていた。そんなようすをクーベルタンはほほえみながら見ていた。

「スポーツはいいなあ。国をこえて、みんな笑顔《えがお》になれる」

ギリシャの選手《せんしゅ》はなかなか優勝《ゆうしょう》できなかった。それでも観客《かんきゃく》は競技《きょうぎ》を楽しんで見ていた。そもそも地元の選手《せんしゅ》が優勝《ゆうしょう》することには、あまり期待をしていなかったのだ。

大会5日目の4月10日、陸上競技《りくじょうきょうぎ》の最終日《さいしゅうび》に、マラソンがおこなわれた。陸上競技《りくじょうきょうぎ》のなかでもっとも長い40キロもの距離《きょり》を走る種目《しゅもく》だ。

マラソンは、ある古い言《い》い伝《つた》えから始まった。紀元前《きげんぜん》450年、アテナイ（アテネ）とペルシャ（いまのイラン）との戦争《せんそう》で、アテナイの街《まち》からおよそ40キロはなれたマラトンに上陸《じょうりく》したペルシャ軍《ぐん》をアテナイは撃退《げきたい》した。当時は電話も無線《むせん》もない。その勝利《しょうり》の報告《ほうこく》をとどけるため、ひとりの若《わか》い戦士《せんし》が選《えら》ばれた。戦士《せんし》は約《やく》40キロの道のりを走りぬき、「われ勝てり！」とつげた直後につかれはてて息をひきとった。この言《い》い伝《つた》えにもとづいて考え出されたのが、マラソンという競技《きょうぎ》だった。

その言《い》い伝《つた》え自体は古いが、マラソンが競技《きょうぎ》としておこなわれたのは、この第1回オリンピックがはじめてだった。古代オリンピックではおこなわれていなかったのだ。

そんな競技《きょうぎ》を見るために、およそ10万人がスタジアムや沿道《えんどう》に集まった。

地元ギリシャの人々は、ギリシャ人選手《せんしゅ》の優勝《ゆうしょう》を願《ねが》っていのった。この日まで地元ギリシャの選手《せんしゅ》は勝利《しょうり》の女神《めがみ》に見はなされていた。だからこそ人々は願《ねが》った。

「今日《きょう》で陸上競技《りくじょうきょうぎ》は最後《さいご》なんだ。１回でいいから勝たせてくれ！」

ほとんど不可能《ふかのう》と思いつつ、いのった。

それを見ていたクーベルタンも、ギリシャ人の勝利《しょうり》をいのった。

「ギリシャ人が勝てば、まちがいなく大会はもり上がり、大成功《だいせいこう》に終わる」

クーベルタンはなによりも大会の成功《せいこう》を願《ねが》っていた。そのためには地元の選手《せんしゅ》が優勝《ゆうしょう》するほうがいい。しかし、優勝候補《ゆうしょうこうほ》として名前があがっていたのはアメリカやオーストラリアの選手《せんしゅ》だ。そこにはギリシャ人の名前はなかった。

スタジアムに集まった選手《せんしゅ》たちは、馬車に乗ってスタート地点のマラトンへ移動《いどう》した。

スタジアムのトラックでは、１００メートル走の決勝がおこなわれようとしていた。スタートラインにつくと、それぞれことなった姿勢《しせい》をとる。アメリカのトーマス・バーク選手《せんしゅ》は、低《ひく》い姿勢《しせい》で両手を地面につけるクラウチング・スタートで飛《と》び出《だ》した。このスタートのおかげなのか、速い。バークは２位《い》のドイツの選手《せんしゅ》にせり勝ってオリンピック史上初《しじょうはつ》の１００メートル走チャンピオンになった。トラックでは、ほかにも１１０メートルハードルが、フィールドでは棒高跳《ぼうたかと》びがおこなわれていた。

午後４時を過《す》ぎると、観客《かんきゃく》は落ち着きがなくなってきた。午後２時にスタートしたはずのマラソンの途中経過《とちゅうけいか》が知りたかったのだ。しかしこの時代にはテレビもラジオもなかったため、だれもわからない。

しばらくすると、1台の自転車がやってきた。ドイツ人の自転車選手《せんしゅ》がマラソンの途中経過《とちゅうけいか》を見てきたと言いながら、順位《じゅんい》を報告《ほうこく》した。

「30キロ地点、先頭はオーストラリアの選手《せんしゅ》だ！」

会場はどよめいた。大きなため息がもれ、人々はしずんだ顔になる。

「ギリシャじゃないのか……」

「でも、まだ10キロあるよ」

「いや、10キロしかないんだ。ギリシャの優勝《ゆうしょう》はないだろう」

ギリシャの選手《せんしゅ》がトップを走っていなかったことに、クーベルタンも肩《かた》を落とした。

そこへ馬に乗ったスタート係が競技場《きょうぎじょう》にもどってきた。馬をおりると国王のもとにかけより、耳元でささやく。すると国王が興奮《こうふん》した表情《ひょうじょう》で立ちあがり、そして大声でさけんだ。

「ギリシャだ！　ギリシャの選手《せんしゅ》だ！」

このころ、競技場《きょうぎじょう》にもまだ放送の設備《せつび》はない。近くにいた観客《かんきゃく》が国王の生の声を聞くと、みんな口々にさけんだ。ギリシャの選手《せんしゅ》がトップを走っていることは、あっという間にスタジアム全体に伝《つた》わった。

「よし、いいぞ！」

思わずクーベルタンもさけんだ。

低《ひく》くて大きい大砲《たいほう》の音がおなかにひびく。祝砲《しゅくほう》だ。いよいよ選手《せんしゅ》がスタジアムに入ってきた。

観客席《かんきゃくせき》にすわっていた6万人が、いっせいに立ち上がった。男性《だんせい》は帽子《ぼうし》を高くあげ、女性《じょせい》は
スカーフをふりながら、大声でさけぶ。

「すごいわ！　ほんとうにすごいじゃない！」

「夢《ゆめ》じゃないだろうな」

「こんなにうれしいことは、私《わたし》の人生ではじめてよ！」

「ところで、あの選手《せんしゅ》はだれだ？」

そのとき、場内で係員が選手《せんしゅ》の名を大声で告《つ》げていた。

「ルイスだ！　マルシ村のルイス！　スピリドン・ルイスだ！」

しかし、その声は観客《かんきゃく》の熱狂的《ねっきょうてき》な歓声《かんせい》にかき消されて、だれも聞くことができなかった。

途中《とちゅう》までトップを走っていたオーストラリアの選手《せんしゅ》は、もともと長距離《ちょうきょり》を得意《とくい》にしているわ
けではなかった。彼《かれ》にとっては30キロが限界《げんかい》だった。

ギリシャのルイスは33キロの地点でオーストラリアの選手《せんしゅ》をぬき、トップに立った。そして、スタジアムまで、トップを守ったのだ。みんなスタジアムに入ってきたルイスの勇姿《ゆうし》に熱狂《ねっきょう》していた。

「がんばれ!」

「あと少しだ!」

ルイスはつかれた顔も見せず、フォームもくずれていなかった。余裕《よゆう》がある走りで、2位《い》に5分以上《いじょう》の差《さ》をつけてスタジアムにかけこんできた。

スタジアムを半周《はんしゅう》ほど走った先にゴールがある。ルイスの勝利《しょうり》を確信《かくしん》して、たくさんの白いハトが放たれた。興奮《こうふん》してさけびつづける観客《かんきゃく》が見守るなか、コンスタンティノス皇太子《こうたいし》がスタジアムのトラックにおりた。ルイスの最後《さいご》の200メートルを皇太子《こうたいし》はいっしょに走る。王子も加《くわ》わり3人はほぼ同時に、笑顔《えがお》でゴールした。

そのあとにふたりのギリシャ人がつづいた。ゴールの順《じゅん》は、1位《い》から3位《い》までギリシャの選《せん》手《しゅ》だった。ただし、3位《い》の選手《せんしゅ》は途中《とちゅう》でふらふらになり自動車に乗せてもらっていたことがわかったために、順位《じゅんい》からはずされた。4位《い》のハンガリーの選手《せんしゅ》が3位《い》にくりあがったのだが、観客《かんきゃく》にはそのことが知らされなかった。

観客席《かんきゃくせき》のクーベルタンは、おどろきながらその熱狂《ねっきょう》を見つめる。

「こんなにもり上がり、こんなに観客《かんきゃく》が喜《よろこ》ぶなんて、感激《かんげき》だ。大会は大成功《だいせいこう》だ！　オリンピックの復興《ふっこう》はいま、大成功《だいせいこう》したのだ！」

ポールにはギリシャ国旗《こっき》がかかげられた。そこにいたすべてのギリシャ人がわれを忘《わす》れて大きな声で選手《せんしゅ》をたたえていた。外国人も同じように、ギリシャの選手《せんしゅ》の優勝《ゆうしょう》を心から祝《いわ》った。

男女を問わず、多くの観客《かんきゃく》がルイスのまわりに集まってきた。記念《きねん》すべき新競技《しんきょうぎ》の第1回優《ゆう》勝者《しょうしゃ》を間近で見るためだった。

「この腕時計《うでどけい》をもらってちょうだい」

「1万ドラクマの小切手を受け取ってくれ」

着かざった女性《じょせい》が、たくさんの真珠《しんじゅ》をちりばめた腕時計《うでどけい》をはずして、ルイスにわたそうとした。小切手をわたそうとした男性《だんせい》もいた。金のネックレスをルイスの首にかけようとした女性《じょせい》もいた。

「いただくわけにはいきません」

ルイスはそうした申し出をすべてことわった。ルイスは農夫《のうふ》だった。貴族《きぞく》のようにめぐまれた生活をしていたわけではない。だが、競技者《きょうぎしゃ》はお金や物をもらうべきではないと考えていた。

そうしたルイスの態度《たいど》は、彼《かれ》の人気をますます高めた。ルイスはこのとき、ギリシャにとって本物の英雄《えいゆう》になったのだった。

クーベルタンもさけんだ。

「なんという高貴《こうき》な選手《せんしゅ》なんだ！　速いだけでなく、すばらしい心のもちぬしだ。彼《かれ》こそ、この第1回オリンピック競技《きょうぎ》大会のヒーローにふさわしいではないか！」

▲閉会式《へいかいしき》の勝者のパレード。先頭を歩くのはギリシャの民族衣装《みんぞくいしょう》を着た、スピリドン・ルイス

11 ギリシャとのたたかい

第1回オリンピック・アテネ大会は、アメリカの選手《せんしゅ》が圧倒的《あっとうてき》な強さを見せ、多数のメダルを獲得《かくとく》した。だが、地元選手《せんしゅ》のスピリドン・ルイスがマラソンで優勝《ゆうしょう》したことで、ギリシャは国じゅうがわき立った。

また、開会前は100人程度《ていど》と思われていた選手数《せんしゅすう》は、終わってみれば241人と増《ふ》えていた。観客《かんきゃく》の数は、スタジアムに入れなかった人たちをふくめると、8万人とも12万人ともいわれた。結果《けっか》としては大成功《だいせいこう》だった。

大会7日目にゲオルギオス国王が昼食会をもよおした。国王は乾杯《かんぱい》に先だってあいさつをした。

「みなさんがオリンピックにやってこられたことを、われわれはたいへんうれしく思います。私《わたし》はこの機会《きかい》にもう一度、勝者にお祝《いわ》いの言葉をのべたいと思います。ここで私《わたし》は『さようなら』ではなく『また会いましょう』と申し上げます。マラソンの勝者がスタジアムに入ってきたときのあの熱狂《ねっきょう》をどうか、忘《わす》れないでください。心からのお礼をこめて、乾杯《かんぱい》！」

このあいさつの「また会いましょう」には、深い意味がこめられていた。国王はあいさつをつづける。

「みなさん、オリンピック大会をこの古代の大会が開かれたギリシャの地でよみがえらせるという計画は、予想を上回る成功《せいこう》をおさめることができました。このすばらしい計画の実施《じっし》にあたって力をかしてくれた人々に対して、この場であらためて感謝《かんしゃ》したいと思います。コンスタンティノス皇太子《こうたいし》……」

国王は多くの人の名をよんで感謝《かんしゃ》をのべた。しかし、いくら待ってもクーベルタンの名は出てこなかった。

あいさつはまだつづいた。

「かくなるうえは、オリンピックの永遠《えいえん》のふるさととして、このギリシャを指名していただけることをわれわれは心から願《ねが》います」

「なんだって!? オリンピックを毎回ギリシャで開催《かいさい》したいだって。とんでもない！」

クーベルタンはがく然《ぜん》とした。自分の名前がよばれなかったこと以上《いじょう》にショックだった。これはクーベルタンがもっとも大切だと考えていたオリンピックの「国際化《こくさいか》」にさからう考えだったからだ。

「オリンピックは4年に一度、開催地《かいさいち》を変《か》えておこなわれなくてはならない。そうしなければ、世界の平和につながる大会にはできないんだ」

しかし、アテネ大会の成功《せいこう》で経済的《けいざいてき》にも立ち直り、国民《こくみん》からの支持《しじ》も得《え》ることができ、国王はまさに絶頂《ぜっちょう》にあった。そして国王のとりまきは、みんなで国王を祝福《しゅくふく》した。

「オリンピックが成功《せいこう》したのは、ギリシャでおこなわれたからにちがいありません。これも国王のお力があってこそです」

「われわれアメリカも、ギリシャのオリンピック開催《かいさい》には賛成《さんせい》します」

アメリカ選手団《せんしゅだん》はこのように言ったうえで、ギリシャ国王の発言を支持《しじ》する文書にサインをした。

祝福《しゅくふく》の輪《わ》にアメリカ選手団《せんしゅだん》も加《くわ》わり、しかも文書にサインまでしたことが、クーベルタンには信《しん》じられなかった。アメリカの選手《せんしゅ》たちは、すっかり雰囲気《ふんいき》にのまれていたのである。クーベルタンの友人であるアメリカのＩＯＣ《アイオーシー》（国際《こくさい》オリンピック委員会）委員ウィリアム・スローンは、選手《せんしゅ》たちの説得《せっとく》に追われた。

「こんなはずではなかった。この大会の成功《せいこう》は、４年後のパリ、その後のアメリカへとつながっていくものと思っていた。ギリシャがオリンピックを独占《どくせん》してしまっては、かつての

『ザッパス・オリンピック』に外国人選手《せんしゅ》が加《くわ》わったのと同じではないか」

クーベルタンは空をあおぎながら、ひとりごとを言った。

「いま生まれたばかりの近代オリンピックは、そんな小さなものであってはならない。もっともっと大きな、『世界に平和をもたらす最高《さいこう》のスポーツの祭典《さいてん》』でなくてはならないのだ！」

クーベルタンは、胸《むね》がしめつけられるような思いにおそわれていた。だが、ここで大声で反対したところで、この祝福《しゅくふく》ムードをくつがえすことはできない。そう考えたクーベルタンは、ギリシャ語がわからないふりをすることにした。

国王の発言を支持《しじ》する文書がまわってきたが、ギリシャ語が読めないふりをして、この第1回アテネ大会へのお礼だけを書いた。

「屈服《くっぷく》するか、あきらめるか、抵抗《ていこう》するか、いまはどの道にも進みたくない。なんとか、この場はやりすごそう」

祝福《しゅくふく》の輪《わ》からはなれて、冷静《れいせい》に考えることにした。

「オリンピックをギリシャに独占《どくせん》させることは、オリンピックが国際化《こくさいか》しないということだ」

そんなことはできない。世界の平和のためにおこなう近代オリンピックには国際化《こくさいか》が絶対《ぜったい》に必要《ひつよう》であり、そのためには1回ごとに開催地《かいさいち》を変《か》える「持ち回り方式」でなくてはならない。

これは信念《しんねん》だった。けっして曲げられるものではない。

「ギリシャはオリンピックを独占《どくせん》したがっている。しかし、はたしてそんな力があるのだろうか。この国にそんなにお金があるとは思えない。それに第2回に予定されている1900年パリ大会は、なんといっても万国博覧会《ばんこくはくらんかい》とともにおこなわれる。ヨーロッパの中心といってもいい大都市パリで、大博覧会《だいはくらんかい》とともに開催《かいさい》されるオリンピックが、もり上がらないわけがない」

このクーベルタンの考えは、前半は正しかった。そして後半はまちがっていた。だが、そのことがわかるには、もう少し時間が必要《ひつよう》だった。

「オリンピックを2年に一度おこない、2回に1回はアテネでおこなってはどうでしょう」

オリンピック第1回アテネ大会の数か月後、IOC《アイオーシー》初代《しょだい》会長のビケラスは、IOC《アイオーシー》に新しいオリンピックの開催地《かいさいち》についての提案《ていあん》をした。

もちろんクーベルタンは反対した。

「オリンピックは世界の平和のための祭典《さいてん》でなくてはならない。世界の国々が戦争《せんそう》するのは、自分の国のことしか知らないからだ。開催《かいさい》されるたびに、ちがう国の都市へ世界中の若者《わかもの》が集まり、スポーツを通してほかの国の若者《わかもの》のことを知って理解《りかい》を深めると、もう戦争《せんそう》などしたくなくなるはずだ。そして大会の開催《かいさい》は、古代オリンピックに合わせて4年に一度でなくてはならない。2年に一度、その1回をアテネ開催《かいさい》なんてだめだ」

ビケラスもギリシャ人として負けていない。

「第1回大会が成功《せいこう》したのは、オリンピック発祥《はっしょう》の地ギリシャでおこなったからにほかならない。今後もオリンピックを成功《せいこう》させるには、ギリシャで開催《かいさい》する必要《ひつよう》がある」

「いいや、毎回、開催地《かいさいち》を変《か》え、世界中の若者《わかもの》が集まってスポーツをすることが大事なんだ。スポーツをするには言葉はいらない。共通《きょうつう》のルールを知っていればいいんだ。それだけで理解《りかい》しあえる。それがスポーツのよさだ」

クーベルタンはつづけた。

「いまのギリシャのように、開催地《かいさいち》の人々はオリンピックのすばらしさをわかってくれる。だから毎回ちがう場所でおこなうことによって、平和をめざすオリンピックの考え方が世界に広まっていくんだ」

この問題で、クーベルタンとビケラスとの友情《ゆうじょう》に、ひびが入ってしまった。

実際《じっさい》、オリンピックの大成功《だいせいこう》でわき立つギリシャに勢《いきお》いがついたのはたしかだった。人々は生き生きとして、都市には活力があった。ギリシャ国民《こくみん》はこの国に生まれ育ったことに誇《ほこ》りを

感じながら日々の生活を送るようになった。自信《じしん》と誇《ほこ》りに満《み》ちたギリシャ国民《こくみん》をクーベルタンはたのもしく思い、こうした経験《けいけん》を世界中の国、都市にしてほしいと考えていた。

だがギリシャでは、その自信《じしん》がまちがった方向へ進んでしまった。


1897年、クレタ島にくらしていたギリシャ系《けい》の住民《じゅうみん》がトルコ（オスマン帝国《ていこく》）の支配《しはい》からのがれようと反乱《はんらん》をおこした。それを支援《しえん》しようとギリシャ海軍《かいぐん》の艦隊《かんたい》がクレタ島に軍隊《ぐんたい》を上陸《じょうりく》させた。そしてギリシャは、クレタ島占領《せんりょう》を宣言《せんげん》したのだ。

オリンピックで各国《かっこく》が好意《こうい》をしめしてくれたように、クレタ島占領《せんりょう》についても支持《しじ》してくれるのではないかとギリシャ政府《せいふ》は考えていた。ところが、ヨーロッパの各国《かっこく》はいっせいにギリシャを非難《ひなん》した。オリンピックと政治《せいじ》は別《べつ》なのだ。

ギリシャは力を過信《かしん》していた。オリンピックを開催《かいさい》したことで、自分たちに力があるものと思いこんでしまっていた。

国の一部だったクレタ島を突然武力《とつぜんぶりょく》で占拠《せんきょ》され、トルコは激怒《げきど》し、反撃《はんげき》に出た。アテネ大会の閉会式《へいかいしき》のちょうど1年後のことだった。

戦争《せんそう》は30日間つづいたが、トルコ軍《ぐん》がギリシャ軍《ぐん》を圧倒《あっとう》した。敗《やぶ》れたギリシャは賠償金《ばいしょうきん》を支《し》払《はら》い、政府《せいふ》は破産《はさん》してしまった。先頭に立って軍《ぐん》をひきいたコンスタンティノス皇太子《こうたいし》は国民《こくみん》から非難《ひなん》され、王室に対する反感が高まった。

もうアテネ大会の再現《さいげん》どころではない。

オリンピックを開催《かいさい》したことが、直接戦争《ちょくせつせんそう》に関係《かんけい》していたわけではない。だが、平和をめざしているオリンピックを開催《かいさい》した国が、平和を乱《みだ》してしまった。そのことが、クーベルタンにとってはショックだった。

「自分の国を愛《あい》しながら、ほかの国の人々を理解《りかい》することはできるはずだ。ほかの国を敵《てき》と思わずに自分の国を愛《あい》すること、それは同じルールのもとでフェアにたたかうスポーツならできることだ。スポーツの対戦《たいせん》相手は『敵《てき》』ではなく、あくまでも『相手』だ。相手がいなくては、試合《しあい》にならない。相手は大事な仲間《なかま》なのだ。スポーツはちがう国の選手《せんしゅ》どうしを友情《ゆうじょう》で結《むす》びつけてくれる。私《わたし》の考えはしょせん『理想』なのかもしれない。しかし、その『理想』をしめしつづけることで、いつしかスポーツで世界を平和にできるにちがいない。きっとそれが私《わたし》の使命なのだろう」

12 万国博覧会《ばんこくはくらんかい》とオリンピック

クーベルタンが地元パリで親しくしていた友人のひとりに、アンリ・ディドン神父がいた。クーベルタンより20歳《さい》ほど年上だったが、気が合っていた。それにはわけがある。当時のフランスでは、キリスト教のなかでもとりわけきびしいカトリック教徒《きょうと》は、子どもたちにカトリック以外《いがい》の人々と会ったり話したりすることを禁《きん》じていた。ほかの地域《ちいき》の学校とスポーツの試合《しあい》をするなどもってのほかだったのだ。だが、ディドン神父はカトリックの神父でありながら、スポーツを通じた子どもたちの交流に賛成《さんせい》だった。そんなディドン神父をクーベルタンは尊敬《そんけい》していた。

「ディドン神父の考えはすばらしい。ぜひいっしょに、子どもたちの競技《きょうぎ》大会をやりませんか?」

「やりましょう」

クーベルタンとディドンは意気投合した。1891年、いっしょにスポーツの団体《だんたい》をつくり、競技《きょうぎ》大会をおこなった。

「みなさん、おめでとう。スポーツのすばらしいところは、自分自身をより高めていけるところです。『より速く』『より高く』『より強く』。この3つの言葉を忘《わす》れないでください」

賞品授与式《しょうひんじゅよしき》でディドン神父が子どもたちに言った「より速く」「より高く」「より強く」を、クーベルタンは、すっかり気に入ってしまった。そして後日、これをオリンピックのモットー（標語《ひょうご》）にしたのである。

その友人であるディドン神父とクーベルタンは、パリのセーヌ川のほとりを散歩《さんぽ》しながら話していた。

「今度のパリの万国博覧会《ばんこくはくらんかい》では、オリンピックがエッフェル塔《とう》のかわりになるんです」

「それは、どういう意味かな？」

「1889年のパリ万博《ばんぱく》では、建《た》ったばかりのエッフェル塔《とう》を目当てにたくさんの人が集まりました。今度の万博《ばんぱく》では、オリンピックのために世界中から選手《せんしゅ》が集まり、その祭典《さいてん》を見に来る観客《かんきゃく》が、万博《ばんぱく》のパビリオンを訪《おとず》れる。一方、万博《ばんぱく》を見に来た観客《かんきゃく》が、スポーツのスタジアムを訪《おとず》れるのです」

「それはすごい！」

「あの日、アテネで多くの観客《かんきゃく》を魅了《みりょう》したオリンピックが、万博《ばんぱく》を見に来た人々を感動させる。

オリンピックと万博《ばんぱく》がたがいによい影響《えいきょう》をあたえることによって、1900年のパリは世界でもっとも平和で活気に満《み》ちた都市になるんです」

目を輝《かがや》かせながら話すクーベルタンを、ディドン神父はたのもしそうに見ていた。

第2回オリンピックは1900年のパリ万国博覧会《ばんこくはくらんかい》と同時にパリの万博《ばんぱく》会場で開催《かいさい》されることが決まっていた。

ところが、そんなクーベルタンの思いとはうらはらに、万博《ばんぱく》の役員たちはオリンピックに関《かん》心《しん》がないようすだった。

「えっ、オリンピックって、何ですか」

スポーツには興味《きょうみ》がなく、そもそも1896年にアテネで近代オリンピックの第1回大会がおこなわれたことすら知らない者もいた。

「あの大会を知らないなんて……。開催地《かいさいち》のアテネでは、市民《しみん》みんなが大きな興奮《こうふん》を味わった大会だった。1900年のパリは4年前のアテネのように、いや万博《ばんぱく》と同時におこなうから、4年前以上《いじょう》にもり上がるにちがいない。成功《せいこう》させなくてはいけないんだ」

1896年アテネ大会では組織《そしき》委員会の事務《じむ》総長《そうちょう》だったクーベルタンは、1900年パリ大会ではIOC《アイオーシー》（国際《こくさい》オリンピック委員会）の会長となっていた。オリンピックを成功《せいこう》させるため、スポーツに関心《かんしん》のない万博《ばんぱく》の役員たちを説得《せっとく》しようとした。だが、スポーツの価値《かち》、オリンピックの魅力《みりょく》をいくら話しても、興味《きょうみ》のない人たちを説得《せっとく》することはむずかしい。

「各国《かっこく》のスポーツ選手《せんしゅ》や役員を集めてパーティーをするなんて、前例《ぜんれい》がないからできません」

「多くの競技《きょうぎ》を同時におこなうのは無理《むり》です。スポーツを担当《たんとう》するスタッフはそれほど多くありません」

「スポーツより優先《ゆうせん》しなくてはいけないことが、たくさんあるのです」

クーベルタンに味方はいなかった。フランス政府《せいふ》の中でかつて彼《かれ》が親しくしていた人は、ほとんどが引退《いんたい》していた。新しい役人たちはスポーツをまったく理解《りかい》しようとしなかった。

「みんな、そろいもそろって頭のよくない連中《れんちゅう》ばかりだ。これでは、オリンピックを成功《せいこう》させることはできない」

クーベルタンの怒《いか》りは頂点《ちょうてん》に達《たっ》した。

「博覧会《はくらんかい》といっしょの大会ではだめだ。オリンピックを独立《どくりつ》させる！」

そう言ってはみたものの、いまさらそんなことはできない。博覧会《はくらんかい》の会場以外《いがい》にオリンピックをおこなう場所があるわけではないし、新たに競技場《きょうぎじょう》をつくる予算もなかった。

そこで、博覧会《はくらんかい》の中でおこなう大会が、ほかの展示《てんじ》より少しでも魅力的《みりょくてき》に見えるように、まず、競技数《きょうぎすう》を増《ふ》やすことにした。それによって観客数《かんきゃくすう》を増《ふ》やそうと考えたのだ。とくに貴族《きぞく》に人気のあるボクシング、ポロ、アーチェリーを加《くわ》えることにした。

国外には、トップ選手《せんしゅ》をたくさん派遣《はけん》してくれるようにはたらきかけた。

「ヨーロッパの多くの国々から、一流の選手《せんしゅ》たちが参加《さんか》してくれます。予算を増《ふ》やしてください」

クーベルタンは、役人たちに一生懸命《いっしょうけんめい》うったえた。

しかし、パリ市はオリンピックの予算が多すぎるとして、ぎゃくに減《へ》らしたいと言ってきた。

クーベルタンがつくった新しい大会組織《そしき》委員会は、パリ市から運営費《うんえいひ》をもらっていたので、それが少なくなると満足《まんぞく》のいく競技施設《きょうぎしせつ》がつくれず、スタッフの数も減《へ》らさなくてはならない。競技施設《きょうぎしせつ》の規模《きぼ》を小さくするしかなかった。

「予算が少なくなったと聞きましたが、大会は開かれるのですか」

国外からも、オリンピックの開催《かいさい》を心配する声や苦情《くじょう》がとどくようになった。

「だいじょうぶです。大会は予定どおり開催《かいさい》されます」

クーベルタンは心配する声を打ち消すような返事を書いた。そう書かざるをえなかったのだ。

そして第2回オリンピック・パリ大会は、万国博覧会《ばんこくはくらんかい》が開幕《かいまく》した1900年4月14日のほぼ1か月後となる5月15日に始まった。

しかし、会期は万博閉幕《ばんぱくへいまく》の約《やく》1か月前の10月28日まで、5か月間もつづいた。競技《きょうぎ》は毎日おこなわれていたわけではなく、どこかの会場でいつのまにか始まり、終わっていった。総合的《そうごうてき》なスポーツ競技会《きょうぎかい》としてのまとまりなどなく、競技《きょうぎ》は万博《ばんぱく》の一部としておこなわれた。実施《じっし》された競技種目《きょうぎしゅもく》も、第1回アテネ大会での実施競技《じっしきょうぎ》や古代オリンピックでおこなわれた競技《きょうぎ》にならったものではなかった。

生きたハトを撃《う》つ射撃種目《しゃげきしゅもく》、釣《つ》り、モーターボート、熱気球《ねつききゅう》、水難救助《すいなんきゅうじょ》や消防《しょうぼう》ポンプ競技《きょうぎ》など、組織《そしき》委員会はクーベルタンにことわりもなく、観客《かんきゃく》の興味《きょうみ》を引きそうなものならなんでもおこなった。その結果《けっか》、第1回アテネ大会とはまったくちがったオリンピックになってしまった。アマチュア問題などなかったかのように、公然《こうぜん》とプロの参加《さんか》をみとめ、賞金《しょうきん》まで出した。

「失敗《しっぱい》だ。私《わたし》の国、私《わたし》の故郷《こきょう》でおこなったオリンピックが失敗《しっぱい》した。なんということだ。これはオリンピックではない」

クーベルタンはうちひしがれていた。

だが、オリンピックに対する情熱《じょうねつ》が失《うしな》われたわけではなかった。

「1500年の時をこえて復活《ふっかつ》したオリンピックの火を消してはならない。オリンピックが大きな博覧会《はくらんかい》をたよったり、主役を取ってかわられたりするようなことが、二度とあってはならないんだ」

クーベルタンの目は、もう4年後に向いていた。

「次はアメリカだ。ようやく、私《わたし》が望《のぞ》んだとおり、ヨーロッパ以外《いがい》で開催《かいさい》される時が来た。なんとしても成功《せいこう》させなくては……」

1904年の第3回大会は、アメリカでの開催《かいさい》が決まっていた。クーベルタンは、ヨーロッパ以外《いがい》で開催《かいさい》されることに大賛成《だいさんせい》だった。

この大会には、アメリカのシカゴが手をあげていた。クーベルタンの机《つくえ》の上におかれたシカゴ市の立候補届《りっこうほとど》けには、大学の競技場《きょうぎじょう》を大会のために無料《むりょう》で使用できること、オリンピック期間中に芸術的《げいじゅつてき》なイベントをおこなうことが書かれ、予算の配分も明らかにされていた。

「パリ大会にくらべて、なんと順調《じゅんちょう》なのだろう」

シカゴ市が選手《せんしゅ》の旅費《りょひ》を負担《ふたん》することになり、IOC《アイオーシー》はシカゴを第3回オリンピックの開催《かいさい》地《ち》に指名した。

ところが、クーベルタンがアメリカのウィリアム・マッキンリー大統領《だいとうりょう》に対して正式に開催《かいさい》を依頼《いらい》した数か月後、大統領《だいとうりょう》は暗殺《あんさつ》されこの世を去ってしまった。後をつぐことになった副大《ふくだい》統領《とうりょう》のセオドア・ルーズベルトは、クーベルタンの友人だった。今度こそシカゴでのオリンピック開催《かいさい》が正式に決まるものと思われた。

ところが、万国博覧会《ばんこくはくらんかい》の開催《かいさい》を予定していたセントルイス市が、開催《かいさい》の年を1903年から1904年に変更《へんこう》した。そして、オリンピックの開催地《かいさいち》として立候補《りっこうほ》したのだ。

大統領《だいとうりょう》になったセオドア・ルーズベルトが1904年のオリンピック開催《かいさい》都市に選《えら》んだのは、シカゴ市ではなく、セントルイス市だった。万博《ばんぱく》と同時開催《かいさい》することで、セントルイス市をもり上げようとしたのだ。

「これでは1900年のパリ大会と同じではないか。またオリンピックは万博《ばんぱく》のおまけになってしまうのか」

クーベルタンはひどくがっかりした。しかし、アメリカ大統領《だいとうりょう》の決定を受け入れるしかなかった。

夢《ゆめ》をくだかれたクーベルタンをさらに悪夢《あくむ》がおそった。なんと、1904年セントルイス大会では、「人類学の日《じんるいがくのひ》」という奇妙《きみょう》なイベントがおこなわれることになったのだ。

これは、インディアンとよばれていたアメリカ先住民《せんじゅうみん》、アフリカの中部に暮《く》らす身長の低《ひく》いピグミー、南アメリカ大陸南端《たいりくなんたん》近くのパタゴニアで暮《く》らす民族《みんぞく》、フィリピンの先住民《せんじゅうみん》、それに日本のアイヌも加《くわ》わって、古来の弓矢を使った競技《きょうぎ》や、木登り競技《きょうぎ》などをおこなうイベントだった。

彼《かれ》らは公式競技《きょうぎ》の選手《せんしゅ》とは別《べつ》に、それぞれの民族衣装《みんぞくいしょう》をつけて参加《さんか》する。古くからの競技《きょうぎ》を披露《ひろう》するが、一種《いっしゅ》の見世物になる。白人が、有色人種《じんしゅ》を自分たちより劣《おと》っている、おくれていると見下して楽しむような、趣味《しゅみ》の悪いイベントだった。

「これはひどいショータイムだ。こんな人種差別《じんしゅさべつ》をゆるしてはいけない。オリンピックは、世界の人々が理解《りかい》しあいながら平和な社会をきずくための祭典《さいてん》だ。このイベントは、まったく逆《ぎゃく》ではないか」

クーベルタンは大反対した。だが、組織《そしき》委員会は聞く耳をもたなかった。

「すでに各国《かっこく》に正式な案内状《あんないじょう》を発送していいます。いくつかの国からは参加《さんか》するという返事が来ています。いまさらやめるわけにはいきません」

組織《そしき》委員会は「人類学の日《じんるいがくのひ》」を決行することにした。

「オリンピックは、また万博《ばんぱく》の付属《ふぞく》大会になってしまった。しかも、あれほど反対したにもかかわらず、『人類学《じんるいがく》の日』という人種差別《じんしゅさべつ》イベントもおこなわれることになってしまった。またしても失敗《しっぱい》だ……」

第1回アテネ大会とはまったくちがうオリンピックを2回もつづけて開催《かいさい》してしまうことになり、クーベルタンは絶望《ぜつぼう》していた。このままではいけないことはわかっていた。だが、すぐに解決《かいけつ》する方法《ほうほう》は見つけられなかった。

「失敗《しっぱい》するとわかっているオリンピックなど、見たくない」

クーベルタンはＩＯＣ《アイオーシー》会長であるにもかかわらず、この大会への出席《しゅっせき》をとりやめてしまった。

13 芸術競技《げいじゅつきょうぎ》の実施《じっし》

　1897年の戦争《せんそう》でトルコに敗《やぶ》れたため、ギリシャでは4年ごとのオリンピックの間の年に「中間大会」を開催《かいさい》するという計画が、いったんどこかにいってしまっていた。しかし、完全《かんぜん》に消滅《しょうめつ》したわけではなかった。

「ギリシャで、2度目の近代オリンピックを開催《かいさい》したいと思っています。もう一度、スタジアムの改修《かいしゅう》の費用《ひよう》を寄付《きふ》していただきたい」

　コンスタンティノス皇太子《こうたいし》は、1896年アテネ大会のときにばく大な資産《しさん》を投じてくれたゲオルギオス・アベロフに、ふたたびたのみこんだ。そして、スタジアムの改修《かいしゅう》は1900年に完了《かんりょう》し、1901年のIOC《アイオーシー》（国際《こくさい》オリンピック委員会）総会《そうかい》で、アテネが中間大会の開催《かいさい》都市として立候補《りっこうほ》した。これをドイツ、デンマーク、スウェーデン、そしてアメリカも支持《しじ》したのだ。

「残念《ざんねん》だ。通常《つうじょう》のオリンピック開催《かいさい》の2年後にアテネ・オリンピックをおこない、それを4年に一度つづけるという案《あん》に、私《わたし》は目をつぶるしかないのか」

とうとうクーベルタンも抵抗《ていこう》しきれなくなった。

「はじめてのアテネ中間大会を、１９０６年におこなうことが決まった。５年前のオリンピックのときのように、国民《こくみん》のみなさんにも協力《きょうりょく》をお願《ねが》いしたい」

コンスタンティノス皇太子《こうたいし》は中間大会の実施《じっし》を発表し、国民《こくみん》の理解《りかい》をもとめた。同時に、大会をささえるためにみずから献金《けんきん》をしたり、国内外の富豪《ふごう》にもう一度寄付《きふ》を依頼《いらい》した。記念《きねん》切手の発行も認《みと》めた。

「アテネ・オリンピック競《きょう》技《ぎ》大会の開会をここに宣言《せんげん》する！」

１９０６年4月22日、ゲオルギオス国王は6万人の観《かん》衆《しゅう》の前で、高らかに開会を宣言《せんげん》した。10年前と同じである。この中間大会では13競技《きょうぎ》78種目《しゅもく》が実施《じっし》され、20の国と地域《ちいき》から８５４人の選手《せんしゅ》が集まった。

大会は11日間にわたっておこなわれ、開会式でははじめて国・地域別《ちいきべつ》の入場行進がおこなわれた。１９００年

▲1906年アテネ中間大会のゴール間近のマラソン選手《せんしゅ》

のパリ大会、1904年のセントルイス大会は万国博覧会《ばんこくはくらんかい》の付属《ふぞく》大会になり、半年近くにおよぶ長い会期で、いつ始まっていつ終わったかわからないような競技会《きょうぎかい》になってしまった。それにくらべ、この1906年の大会は第1回アテネ大会と同じような運営《うんえい》が成功《せいこう》し、おおいにもり上がった。

だが、会場にクーベルタンのすがたはなかった。

「オリンピックはたんなるスポーツ選手権《せんしゅけん》大会ではない。4年に一度の開催《かいさい》でなくてはいけない。しかも、毎回ことなる開催地《かいさいち》でおこない、そこに世界中の若者《わかもの》が集まるようにしなくてはだめだ。この1906年の大会はほんとうのオリンピックではない。私《わたし》はこの大会を何とよべばいいんだ！」

クーベルタンはこの大会への出席《しゅっせき》をことわった。そして、もともとの考えであった「スポーツと芸術《げいじゅつ》の結合《けつごう》」について話し合うための会議《かいぎ》を開催《かいさい》することにした。

かつて古代オリンピックでは、スポーツだけでなく、ギリシャの各地《かくち》から芸術家《げいじゅつか》が集まり、彫刻《ちょうこく》、音楽、文学といった芸術《げいじゅつ》作品がつくられた。競技《きょうぎ》としても「ラッパ吹《ふ》き」などがおこなわれていたのだ。その芸術《げいじゅつ》をクーベルタンは近代オリンピックに取り入れるべきだと考えていた。

「世界の若者《わかもの》は、スポーツだけでなく芸術《げいじゅつ》を通しても、たがいにわかり合うことができる。世界平和のためにはスポーツも芸術《げいじゅつ》も欠《か》かせないのだ。それに、スポーツと芸術《げいじゅつ》が合体してこそ、バランスのとれた理想の人間がつくり上げられる。このオリンピズムの考え方をもとにして、オリンピックでは『芸術《げいじゅつ》』競技《きょうぎ》をおこないたい、いやおこなわなくてはいけないんだ」

オリンピズムとは、クーベルタンがオリンピックによって広めようとした世界平和の考えのことだ。クーベルタンは会議《かいぎ》で、この考えを強く主張《しゅちょう》した。

「スポーツは芸術《げいじゅつ》によってそのすばらしさを表現《ひょうげん》され、祝福《しゅくふく》されたとき、選手《せんしゅ》や観客《かんきゃく》に大きな喜《よろこ》びをもたらします。古代オリンピックは、芸術《げいじゅつ》がスポーツと調和した偉大《いだい》な大会でした。近代オリンピックもこのようなかたちであるべきです」

その結果《けっか》、「オリンピックの理念《りねん》にもとづき、建築《けんちく》、彫刻《ちょうこく》、絵画、文学、音楽、という5部門の芸術競技《げいじゅつきょうぎ》を新たにオリンピックでおこなうこと」をIOC《アイオーシー》とロンドンの組織《そしき》委員会に提《てい》案《あん》することが決まった。

しかし、1908年ロンドン大会の組織《そしき》委員会は「芸術競技《げいじゅつきょうぎ》」を採用《さいよう》しなかった。実際《じっさい》は、おこなおうとしたができなかったのだ。

組織委員会《そしき》は、芸術《げいじゅつ》作品のテーマを芸術家《げいじゅつか》の自由にさせなかった。スポーツに関係《かんけい》する作品ならどのようなテーマにしてもよかったはずだったのだが、組織委員会《そしき》は注文をつけすぎた。「古代オリンピックに関係《かんけい》した作品」としたため、反発され、多くの芸術家《げいじゅつか》から出品をことわられてしまったのだ。

芸術《げいじゅつ》競技《きょうぎ》をおこなわなかったことには、ほかにもさまざまな理由があった。作品を運ぶのにも費用《ひよう》がかかる、大きな作品を展示《てんじ》できる専用《せんよう》の会場が必要《ひつよう》になる、公正な評価《ひょうか》ができる審査員《しんさいん》をそろえなくてはならない。これらの問題を解決《かいけつ》するだけの時間がなく、準備《じゅんび》ができなかったのだ。

「残念《ざんねん》だ！　若者《わかもの》はもっと芸術《げいじゅつ》にふれなくてはならない。そして芸術《げいじゅつ》を見る目をやしなわなくてはいけないんだ。次のチャンスは4年後か。早めに準備《じゅんび》して次回こそかならず『芸術《げいじゅつ》競技《きょうぎ》』をおこなうのだ」

芸術《げいじゅつ》競技《きょうぎ》がおこなわれなかったことを、クーベルタンはとても残念《ざんねん》がった。

しかし、このロンドン大会は、ほかのことについては彼《かれ》を満足《まんぞく》させる大会になった。

もともと1908年の大会は、イタリアのローマでおこなわれるはずだった。ところがベスビオ火山の噴火《ふんか》や財政的《ざいせいてき》に苦しいことを理由に、ローマが開催《かいさい》を返上してしまったのだ。それを受けて急きょ、ロンドンでの開催《かいさい》が決まった。ただ、問題があった。オリンピックの開催《かいさい》を予定している時期に、ロンドンで博覧会《はくらんかい》がおこなわれることになっていたのだ。第2回、第3回大会が失敗《しっぱい》してしまったのは、博覧会《はくらんかい》の付属《ふぞく》大会になってしまったからである。クーベルタンをはじめIOC《アイオーシー》委員はみな、それと同じになることだけはさけたかった。

博覧会側《はくらんかいがわ》と話し合ったのは、イギリスオリンピック委員会の初代《しょだい》会長であるデスボロー男《だん》爵《しゃく》だった。何度も話し合いをおこない、デスボローは博覧会《はくらんかい》の実行委員会に、競技場建設費《きょうぎじょうけんせつひ》などのお金を出させることに成功《せいこう》した。しかも、口出しはしないよう説得《せっとく》したのだ。

「デスボロー男爵《だんしゃく》、ほんとうに感謝《かんしゃ》します」

クーベルタンは、無理《むり》ともいえる要求《ようきゅう》を通すことに成功《せいこう》したデスボローの活躍《かつやく》に、心からのお礼を言った。

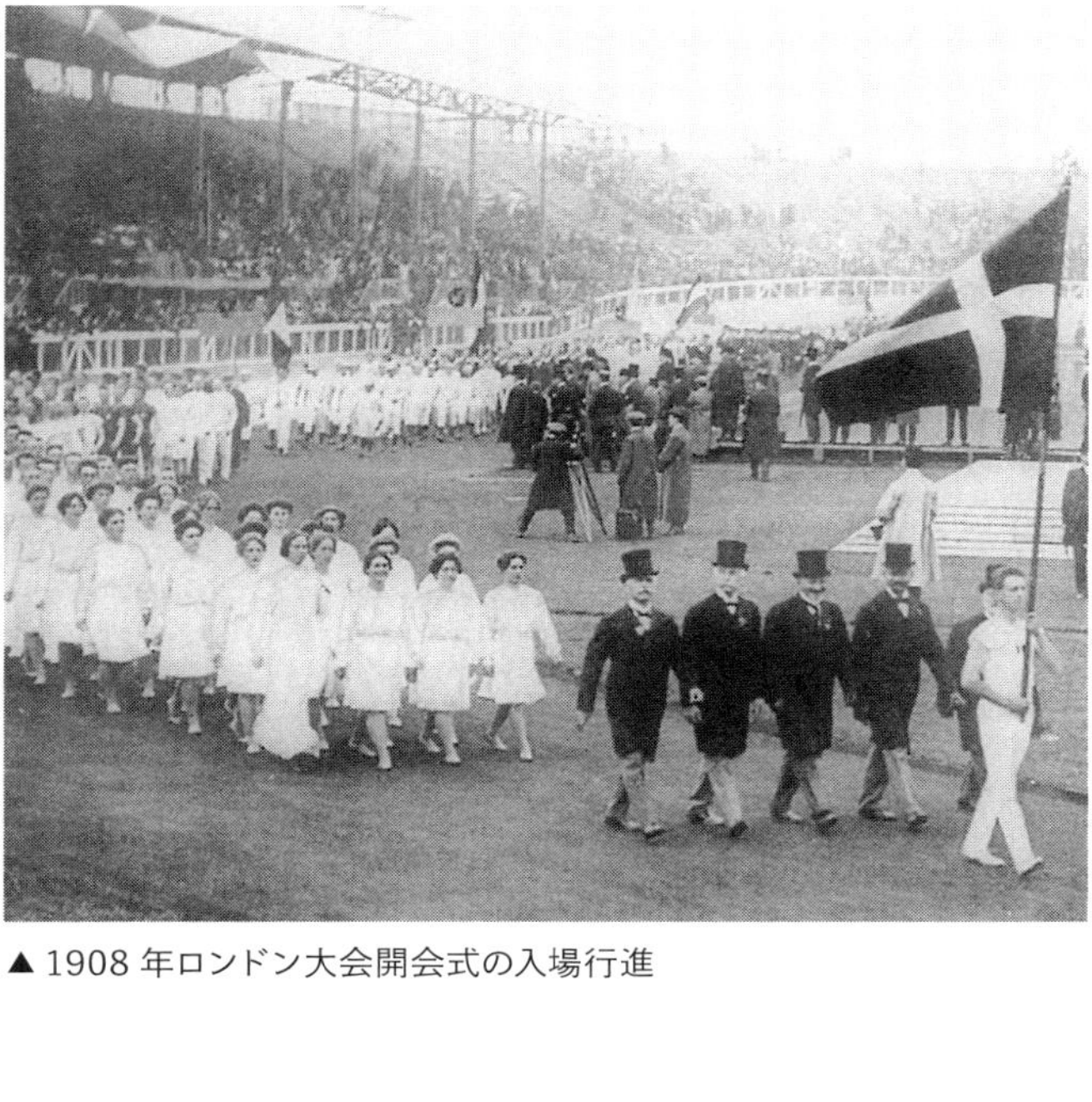

▲1908年ロンドン大会開会式の入場行進

晴れ晴れとした気分で開会式にのぞんだクーベルタンは、各国《かっこく》の選手《せんしゅ》たちが国や地域《ちいき》の旗《はた》を先頭に行進するのを見た。

「イギリスの王室やギリシャの皇太子《こうたいし》がご臨席《りんせき》されるこのようなすばらしい開会式で、世界の若者《わかもの》たちが行進する。なんとさわやかなことだろう。国ごとの選手《せんしゅ》の行進もすばらしい。すみきった青空のもと、このような躍動感《やくどうかん》あふれる若者《わかもの》の行進は、なんと魅力的《みりょくてき》なことだろう」

2年前のアテネの中間大会でおこなわれたのと同じやり方だったが、その大会を見ていないクーベルタンは、とても感動していた。

そして、待ちのぞんでいたマラソンを観戦《かんせん》した。クーベルタンは、第1回アテネ大会のようなもり上がりを期待していたのだ。

「あっ、1位《い》の選手《せんしゅ》が競技場《きょうぎじょう》に入ってきたぞ！」

「イタリアのドランド・ピエトリ選手《せんしゅ》だ。ふらふらしているぞ。だいじょうぶか」

ピエトリは、よろめきながら競技場《きょうぎじょう》に入ってきた。走る方向がわからなくなってしまったため、係員がゴールの方向を教えた直後、ピエトリはたおれてしまった。7万人をこえる観客《かんきゃく》がどよめく。

「がんばれ！　ゴールまであと少しだ！」

すると、係員はたおれたピエトリをかかえるようにして起こした。ふたたびふらふらと走り出したピエトリは、またよろけてたおれる。そのたびに係員が手を貸《か》す。4～5回たおれて、そのつど係員にたすけられたピエトリは、なんとか1位《い》でゴールすることができた。

「よくがんばったぞ、おめでとう」

観客席《かんきゃくせき》からいっせいに拍手《はくしゅ》と歓声《かんせい》がわきあがった。

2位《い》にはアメリカの選手《せんしゅ》が入った。

その直後、アメリカチームから大会役員にクレームがあった。1位《い》でゴールしたピエトリは係員の手を借《か》りたから失格《しっかく》なのではないか、というものだった。そのうったえは認《みと》められて、1位《い》はアメリカ選手《せんしゅ》と発表された。

マラソンのルールでは、選手《せんしゅ》に手を貸《か》したら、その時点で選手《せんしゅ》は失格《しっかく》となる。金メダルを獲《かく》得《とく》するはずだったピエトリは、だれよりも早くゴールしたにもかかわらず、その夢《ゆめ》を断《た》たれてしまったのだ。

思わずクーベルタンはさけんだ。

「なんてことだ……。大会の係員がルールを知らないなんて、いったい何をしているんだ！」

それでも、競技場《きょうぎじょう》から去っていくピエトリには大きな拍手《はくしゅ》が送られた。

ピエトリのひたむきに走るすがたは観客《かんきゃく》だけでなく、その場にいたイギリスのアレクサンドラ王妃《おうひ》をも感動させた。王妃《おうひ》は、メダルをのがしたが人々に大きな感動をあたえたことで、のちにピエトリに対して銀のカップを贈《おく》った。

ほかにもトラブルがあった。

綱引《つなひ》きで対戦《たいせん》したイギリスのリバプール市警察《けいさつ》チーム対アメリカ代表チームの試合《しあい》では、リバプール市警察《けいさつ》チームが2対0と圧倒的《あっとうてき》な強さをみせた。じつはこの試合《しあい》、アメリカの選手《せんしゅ》たちがふつうの靴《くつ》をはいていたのに対し、リバプールの選手《せんしゅ》たちはスパイクシューズをはいていたため、強さに大きな差《さ》がついてしまったのだ。アメリカチームは怒《おこ》ったが、とりあえずその場はなんとかおさまった。

しかし、別《べつ》の日におこなわれた陸上《りくじょう》400メートル走で、またイギリスとアメリカの間でいさかいがおきた。イギリス選手《せんしゅ》を追いぬいた直後のアメリカ選手《せんしゅ》が、走路妨害《ぼうがい》で失格《しっかく》になったのだ。微妙《びみょう》な判定《はんてい》だったため、アメリカ側《がわ》は抗議《こうぎ》をした。後日、再《さい》レースをおこなうことが決定したのだが、アメリカはそれが気に入らずレースをボイコットした。両者の対立は一気に深まった。

日曜日、大会役員や各国《かっこく》の選手《せんしゅ》がセント・ポール大聖堂《だいせいどう》の礼拝《れいはい》に集まった。そこで教えを説《と》いたのは、アメリカのペンシルベニア州から来ていたエチェルバート・タルボット主教だった。主教は、この大会でイギリスとアメリカが何度もトラブルをおこし、感情的《かんじょうてき》に対立していたことを知って、次のように話した。

「オリンピックでもっとも重要《じゅうよう》なことは、勝つことではなく参加《さんか》することである」

さらに、フェアな競技《きょうぎ》こそが重要《じゅうよう》であることを強調した。

「すばらしい。この言葉こそオリンピックだ！」

聞いていたクーベルタンは感動し、5日後のイギリス政府《せいふ》との会合でこの言葉を披露《ひろう》した。

そのとき、クーベルタンはつづけて次のように言った。

「人生にとってもっとも大切なことは、成功《せいこう》することではなく努力《どりょく》することである。勝つことではなく、よくたたかったかである」

それ以来《いらい》、この言葉はオリンピックの理念《りねん》をしめすものとして広まり、後世に伝《つた》えられるようになる。

1908年ロンドン大会が終わった。クーベルタンは、おおむね満足《まんぞく》していた。綱引《つなひ》きをはじめ、いくつかの競技《きょうぎ》では国と国が感情的《かんじょうてき》に対立するトラブルがあったものの、大半の競技《きょうぎ》で

はフェアなプレーがおこなわれた。

この大会では、会期の終わりに近い10月下旬《げじゅん》に、屋内スケート場を使って、フィギュアスケートがおこなわれた。ロンドンには10年ほど前にスケート場が完成《かんせい》していたのだ。

種目《しゅもく》は男女シングル、ペア、それに氷の上に複雑《ふくざつ》な図形をえがきながら、その正確《せいかく》さを競《きそ》うスペシャルフィギュア（男子のみ）がおこなわれた。男子シングルで金メダルを獲得《かくとく》したのは、スウェーデンのウルリッヒ・サルコウ。現在《げんざい》フィギュアスケートでおこなわれているサルコウジャンプの生みの親だ。地元イギリスは女子シングルで金メダルと銅《どう》メダルを獲得《かくとく》した。

「スケート競技《きょうぎ》もおもしろい。そのうちに冬のスポーツで競《きそ》うオリンピックを望《のぞ》む声があがるのだろうか。私《わたし》はあまり賛成《さんせい》できないが……」

クーベルタンは、こんなふうに思うのだった。

冬季《とうき》オリンピックは１９２４年に始まる。

14　日本がオリンピックに初参加《はつさんか》

「競技《きょうぎ》の数も増《ふ》え、オリンピックがようやくしっかりとした大会になってきた。これからは、参加《さんか》する国をもっと増《ふ》やさなくてはいけない」

クーベルタンはアジアに目を向けた。

「ヨーロッパからはたくさんの国が参加《さんか》している。アメリカ大陸《たいりく》も南北アメリカともに参加《さんか》がある。アフリカ大陸《たいりく》からも来ている。オセアニアからはオーストラリアとニュージーランドが同じチームとして参加《さんか》している。まだ参加《さんか》していないのは、アジアだけだ。ぜひアジアから、オリンピックに参加《さんか》してもらいたい。どこの国がいいだろう。日本はどうだろうか」

ベルギーのＩＯＣ《アイオーシー》（国際《こくさい》オリンピック委員会）委員、バイエ＝ラツールに相談した。バイエ＝ラツールはクーベルタンの次にＩＯＣ《アイオーシー》会長になる人物だ。

「日本がいいでしょう。日露戦争《にちろせんそう》で、ロシアに勝っているから、選手《せんしゅ》を送り出すことができると思います」

「よし、日本にしよう」

クーベルタンは、さっそく日本のフランス大使館にいるオーギュスト・ジェラールあてに手紙を書いた。

「アジアを代表して、ぜひ日本にオリンピック参加《さんか》をお願《ねが》いしたい。ついては、オリンピックを理解《りかい》してくれそうな人物をさがしていただけないだろうか。いい人がいたら、まずはＩＯＣ《アイオーシー》の委員になっていただきたいと思う」

クーベルタンは、ベルギー公使時代のジェラールに対して、国王との面会を取りついでもらったり、会議《かいぎ》やパーティーで親しく話したりしているうちに、彼《かれ》に深い信頼感《しんらいかん》をもつようになっていた。ジェラールもクーベルタンをよく理解《りかい》していた。ジェラールは、クーベルタンがどんな人物を望《のぞ》んでいるのかがすぐにわかった。「スポーツにくわしく、国際的《こくさいてき》な考え方ができる教育者」だ。そしてさがしあてたのが、嘉納治五郎《かのうじごろう》だった。

嘉納《かのう》は、東京大学を卒業《そつぎょう》し、柔道《じゅうどう》を生み出した人物で、東京高等師範《しはん》学校（いまの筑波《つくば》大学）の校長をつとめていた。そして、国際的《こくさいてき》な視野《しや》をもち、日本国内でスポーツを通じた教育を積極的《せっきょくてき》に進めていた。

１９０９年1月、ジェラールははじめて嘉納《かのう》に会った。オリンピックのこと、クーベルタンのことを説明《せつめい》したが、すでに嘉納《かのう》はだいたいのことを知っていた。

「嘉納《かのう》さん、それなら話が早い。そのオリンピックに日本も参加《さんか》してほしいとクーベルタンは願《ねが》っています。そのためには日本のどなたかに、ＩＯＣ《アイオーシー》の委員になってもらう必要《ひつよう》があります。それを嘉納《かのう》さん、あなたにお願《ねが》いしたいのです」

ジェラールはこの人しかいないと考え、お願《ねが》いした。

「聞くところによると、クーベルタン男爵《だんしゃく》は、スポーツで若者《わかもの》の教育をおしすすめているという話ですが、ほんとうですか」

「そのとおりです。よくそこまでご存《ぞん》じですね」

「私《わたし》も同じ考えだからです。私《わたし》も柔道《じゅうどう》をはじめ、いくつかのスポーツを教育に取り入れてきました。クーベルタン男爵《だんしゃく》のお申し出、お引き受けしたいと思います」

「ありがとうございます。さっそく、クーベルタンに報告《ほうこく》します。彼《かれ》も喜《よろこ》ぶと思います」

ジェラールが思っていた以上《いじょう》に、嘉納《かのう》はスポーツの大切さを理解《りかい》しているりっぱな教育者だ。

ジェラールはすぐにクーベルタンあてに手紙を書き、嘉納《かのう》を強く推薦《すいせん》した。

しばらくすると、ジェラールのところにクーベルタンから手紙が来た。

「ありがとう。すばらしい人を見つけてくれて感謝《かんしゃ》します。ところで、オリンピックを東京で開催《かいさい》できるのは、いつになるだろうか」

クーベルタンはオリンピックへの日本の参加《さんか》だけでなく、日本でオリンピックをおこなうことまで考えていたのだ。

この年のＩＯＣ総会《アイオーシーそうかい》で、嘉納治五郎《かのうじごろう》は全会一致《いっち》でアジア初《はつ》のＩＯＣ《アイオーシー》委員になった。ここから日本のオリンピックが始まる。

１９１２年7月6日、第5回ストックホルム大会の開会式が始まった。ただ、テニスは5月5日から、サッカーと射撃《しゃげき》は6月29日からおこなわれていた。

クーベルタンはこの大会を心待ちにしていた。

大成功《だいせいこう》した第1回アテネ大会は10日間の会期だったのだが、第2回のパリ大会、第3回セントルイス大会、そして第4回ロンドン大会も万国博覧会《ばんこくはくらんかい》の一部としておこなわれたため、会期が半年近くにおよんだ。今回の第5回大会は万国博覧会《ばんこくはくらんかい》から独立《どくりつ》したため、会期を自由に決めることができた。

「万博《ばんぱく》にたよらずにオリンピックが開催《かいさい》できるようになった。おかげで会期が短くなった。それに、私《わたし》のふたつの大きな提案《ていあん》が、この大会で採用《さいよう》されることになった」

クーベルタンが提案《ていあん》した近代五種競技《ごしゅきょうぎ》と芸術 競技《げいじゅつきょうぎ》が採用《さいよう》されたのだ。

「第1回アテネ大会と同じように、成功《せいこう》まちがいなしだ」

古代オリンピックには、ひとりの選手《せんしゅ》がレスリング、円盤投《えんばんな》げ、やり投げ、幅跳《はばと》び、短距離《たんきょり》走をおこなうという五種競技《ごしゅきょうぎ》があった。クーベルタンはそれにヒントを得《え》て、射撃《しゃげき》、フェンシング、水泳、馬術《ばじゅつ》、陸上《りくじょう》（ランニング）をおこなう近代五種《ごしゅ》を提案《ていあん》した。「完全《かんぜん》な競技者《きょうぎしゃ》」をたたえるものだとクーベルタンは考えたのだ。この大会では地元スウェーデンが圧倒的《あっとうてき》な強さを発揮《はっき》して、メダルを独占《どくせん》した。

もうひとつの芸術競技《げいじゅつきょうぎ》は、以前《いぜん》からクーベルタンが「オリンピックにはスポーツだけではなく芸術《げいじゅつ》も必要《ひつよう》だ」としていた主張《しゅちょう》が実を結《むす》んだ競技《きょうぎ》だった。建築《けんちく》、彫刻《ちょうこく》、絵画、文学、音楽の5部門で世界各国《かっこく》から作品を集め、評価《ひょうか》して順位《じゅんい》をつけるのだ。

ただ、はじめておこなわれた芸術競技《げいじゅつきょうぎ》は、作品の集まりがよくなかった。組織《そしき》委員会からクーベルタンに連絡《れんらく》があった。

「文学の作品がひとつも来ていません」

そこで、クーベルタンは組織《そしき》委員会にたのんでしめきりを1か月のばしてもらった。その間に、スポーツをたたえる詩を書いたのだ。そして、ホーロットとエッシュバッハというふたりのドイツ人になりすまして、連名《れんめい》の作品をこっそり応募《おうぼ》した。その作品は高く評価《ひょうか》され、その結果《けっか》、金メダルを獲得《かくとく》した。

クーベルタンはこのことをだれにも話していない。だが、まわりは知っていた。

「あの詩を書けるのはクーベルタンしかいない」


クーベルタンがこの大会をうれしく思っていたのには、もうひとつ理由があった。

「なによりも喜《よろこ》ばしいのは、ヨーロッパから遠くはなれたアジアから、はじめての参加《さんか》があったことだ。日本がオリンピックに参加《さんか》してくれたのだ。これで、世界の5大陸《たいりく》すべてからオリンピックに参加《さんか》したことになる」

これこそが、クーベルタンが理想としたオリンピックの国際化《こくさいか》だった。

開会式に先立ち、クーベルタンは嘉納治五郎《かのうじごろう》とふたりで話す機会《きかい》があった。嘉納《かのう》はシルクハットをかぶった小柄《こがら》な紳士《しんし》だった。

「嘉納博士《かのうはかせ》、クーベルタンです」

「クーベルタン男爵《だんしゃく》、お会いできて光栄《こうえい》です」

ふたりはスポーツを通じた教育こそが若者《わかもの》たちに必要《ひつよう》であることを話した。

「嘉納博士《かのうはかせ》、あなたが教えている柔道《じゅうどう》という格闘技《かくとうぎ》ではどのようなことを学べるのですか」

クーベルタンがよく知っているのは、体操《たいそう》やボートなどの個人競技《こじんきょうぎ》と、イギリスで接《せっ》してきたチームスポーツだった。フランス人にとって、1対1でたたかう格闘技《かくとうぎ》としてはフェンシングは身近だったが、日本でおこなわれている柔道《じゅうどう》について、クーベルタンはそれがどのように教育に役立つかを知りたかった。

嘉納《かのう》は柔道《じゅうどう》を通じて、社会のみんながともに協力《きょうりょく》しあって生きる心をはぐくむ教育をおこなっていることを「自他共栄《じたきょうえい》」、そして力をよいことのためにつかうという教育について「精《せい》力善用《りょくぜんよう》」という言葉を用いながら説明《せつめい》した。

「ただ相手に勝てばいいということではないのです。体をきたえるとともに、心もきたえなくてはなりません」

「なるほど、そのようにスポーツを若者《わかもの》の教育にいかしているのですね。柔道《じゅうどう》の奥深《おくぶか》さが少しわかったような気がします」

クーベルタンは、嘉納《かのう》の教育や柔道《じゅうどう》に対する考え方が理解《りかい》できたと思った。

「いつか柔道《じゅうどう》が、オリンピックでできるようになればいいですね」

「そのためには、わが日本の国内だけでなく、世界の多くの国で柔道《じゅうどう》がおこなわれるようにならなくてはいけないですね」

世界各国《かっこく》のスポーツをする者どうしが競《きそ》い合《あ》いながら理解《りかい》することができれば、戦争《せんそう》などおきないだろうという話をした。ふたりの考えはとても近かった。

クーベルタンはもっと話していたかった。嘉納《かのう》も同じだった。だが、いそがしいふたりにはゆっくり話す時間がなかった。

7月6日の開会式、嘉納《かのう》がひきいる日本選手団《せんしゅだん》の入場行進には、選手《せんしゅ》がたったふたりしかいなかった。しかし、クーベルタンはそれでもかまわないと思っていた。

「いつしか日本からもたくさんの選手《せんしゅ》が参加《さんか》してくれるだろう。時がたてば、日本でオリンピックを開催《かいさい》できるようになるだろう。その日が待ち遠しい」

日の丸を持つ選手《せんしゅ》の横を歩く嘉納《かのう》を見ながら、クーベルタンは思った。

「1万キロもはなれた日本に、私《わたし》の考えをわかってくれる人がいた。人種《じんしゅ》も言葉もちがうけれど、彼《かれ》は私《わたし》に近い。もしかしたら、私《わたし》と同じヨーロッパ人、いやフランス人でも、彼《かれ》ほどスポーツと教育をまじめに考え、実行している人物はいないのではないだろうか。彼《かれ》がいるかぎり日本はだいじょうぶだ」

この年の12月、嘉納《かのう》とクーベルタンはパリの日本大使館で再会《さいかい》し、ボクシングとフェンシングを観戦《かんせん》した。クーベルタンが格闘技《かくとうぎ》に興味《きょうみ》をもったのは、嘉納《かのう》の影響《えいきょう》が大きかった。

15　オリンピック・シンボルの誕生《たんじょう》

「1900年パリ大会、1904年セントルイス大会のころはどうなることかと思ったが、オリンピックもようやくその価値《かち》を世界中から認《みと》められるようになってきた」

クーベルタンは、1912年ストックホルム大会でオリンピックが万国博覧会《ばんこくはくらんかい》から独立《どくりつ》し、ようやく理想的《りそうてき》なすがたを見せることができたことを、心から喜《よろこ》んだ。

「そして、芸術競技《げいじゅつきょうぎ》もおこなうことができた」

以前《いぜん》から強く望《のぞ》んでいたことも実現《じつげん》できた。

そこで、クーベルタンは、オリンピックの理想が一目でわかるようなシンボルマークをつくろうと考えた。

「まもなく国際《こくさい》オリンピック委員会設立《せつりつ》20周年《しゅうねん》をむかえる。その記念《きねん》になるようなシンボルマークをつくりたい。そのマークを見ればすぐにオリンピックであることがわかるような、シンプルで、大人《おとな》にも子どもにも親しんでもらえるようなデザインにしよう」

2～3日悩《なや》んだが、いいアイデアは出てこなかった。そこで、自分の考えを整理してみた。

「私《わたし》がオリンピックに望《のぞ》むこと、それは世界の平和だ。他者やほかの国への無《む》知《ち》や無《む》理《り》解《かい》は、誤《ご》解《かい》を生み、にくしみをいだかせる原因《げんいん》となる。それがもとで戦争《せんそう》がおこるのだ。オリンピックで世界の若者《わかもの》が出会い、スポーツや芸術《げいじゅつ》を通して理解《りかい》しあえれば、いつかは世界が平和に向かうだろう。そうだ、世界平和だ。世界の若者《わかもの》が輪《わ》になって平和な世の中になるという意味のマークにしよう」

クーベルタンはペンで5つの輪《わ》を紙にえがいた。

「5つの輪《わ》は、ヨーロッパ、アフリカ、アジア、南北アメリカ、オセアニアの世界の5大陸《たいりく》をあらわす。そして、たがいに結《むす》びつくように連《つら》ねる」

左の輪《わ》の中に「ＣＩＴＩＵＳ《キティウス》（より速く）」、真ん中の輪《わ》の下に「ＡＬＴＩＵＳ《アルティウス》（より高く）」、右の輪《わ》の中に「ＦＯＲＴＩＵＳ《フォルティウス》（より強く）」と書き、輪《わ》

▲クーベルタンが考えたオリンピック・シンボル

全体にオリーブの枝《えだ》をからませた。この3つの言葉は、かつて彼《かれ》が敬愛《けいあい》した友人アンリ・ディドン神父が、学校の生徒《せいと》たちに語ったラテン語の言葉だった。クーベルタンはこの言葉を気に入り、オリンピックのモットー（標語《ひょうご》）にしていた。

クーベルタンは、別《べつ》の紙にまた5つの輪《わ》をえがいた。こちらは、5つの輪《わ》にそれぞれちがう色をつけた。でき上がったのは、青、黄、黒、緑、赤の5つの輪《わ》が、たがいに重なり合いながらつながったオリンピック・シンボル（五輪《ごりん》マーク）だ。

「それぞれの色がどの大陸《たいりく》をあらわすかは決めないが、この5色と地の色である白の6色で、世界中の国旗《こっき》はすべてえがけるはずだ」

IOC《アイオーシー》（国際《こくさい》オリンピック委員会）20周年《しゅうねん》の式典《しきてん》は、1914年6月におこなわれた。クーベルタンは白地に5色の輪《わ》をW《ダブリュー》の形にえがいた旗《はた》を披露《ひろう》した。そのデザインにこめた考えを発表すると、満場一致《まんじょういっち》でオリンピックのシンボルマークにすることに決まった。

「このオリンピック旗《き》は、2年後の第6回ベルリン大会から使用することにしよう」

ところがその数日後、ボスニア（いまのボスニア・ヘルツェゴビナ）のサラエボで、オーストリアの皇太子《こうたいし》夫妻《ふさい》がセルビアの青年により暗殺《あんさつ》された（サラエボ事件《じけん》）。これにより、オーストリアはセルビアと戦争《せんそう》を開始し、そこにヨーロッパの各国《かっこく》も加《くわ》わった。この戦争《せんそう》は世界の多くの国をまきこみ、第一次世界大戦《せかいたいせん》へと拡大《かくだい》していった。

「なんということだ、また戦争《せんそう》だ。私《わたし》の大きらいな戦争《せんそう》だ。戦争《せんそう》を止めるためだったら、私《わたし》はなんでもやる」

そう思ったクーベルタンは、フランス軍《ぐん》に志願《しがん》した。戦争《せんそう》で敵国《てきこく》になったドイツに勝てば平和が訪《おとず》れると考えたのだ。だが、このときクーベルタンは51歳《さい》。さすがにその年齢《ねんれい》では無理《むり》と、軍隊《ぐんたい》にことわられた。

冷静《れいせい》になって考えるうちに、戦争《せんそう》に行こうとした自分の行動がはずかしく思えてきた。

「平和のために戦争《せんそう》をするなんて、ばかげている。私《わたし》はどうかしていた。戦争《せんそう》のない平和な世の中にしたいと思って、オリンピックを復興《ふっこう》させたのだ。オリンピックをなんとか開催《かいさい》できないか考えよう」

しかし、第一次世界大戦《せかいたいせん》はますますはげしくなった。ドイツのベルリンで1916年の第6回大会をおこなうことはむずかしい状況《じょうきょう》だった。もはや、あきらめるしかなかった。

「4年後の1920年大会を確実《かくじつ》に開催《かいさい》することを考えよう。オリンピックの歴史《れきし》をしっかりとつなげていくことが私《わたし》の使命だ！」

クーベルタンは決意を新たにした。

第1回アテネ大会の2年前にＩＯＣ《アイオーシー》を設立《せつりつ》したとき、ＩＯＣ《アイオーシー》の本部は大会開催国《かいさいこく》を巡回《じゅんかい》すると決めてあった。

「戦火《せんか》の絶《た》えないドイツのベルリンに、委員会本部をおくのは危険《きけん》だ」

そう考えたクーベルタンは中立国のスイスにＩＯＣ《アイオーシー》をうつし、それ以降《いこう》は動かさないことにした。


１９２０年、第７回オリンピック競技《きょうぎ》大会は、ベルギーのアントワープで無事《ぶじ》に開会式をむかえることができた。ただ、第一次世界大戦《せかいたいせん》は２年前に終わっていたが、敗戦国《はいせんこく》となったドイツ、オーストリア、ハンガリー、ブルガリア、トルコは参加《さんか》がゆるされなかった。

クーベルタンは、オリンピックがもどってきたことがうれしかった。まねかれない国があっ

▲はじめておこなわれた選手宣誓《せんしゅせんせい》

たとはいえ、世界29の国と地域《ちいき》から2600人をこえる選手《せんしゅ》が集まったのだ。

以前《いぜん》からクーベルタンは、選手《せんしゅ》による宣誓《せんせい》を望《のぞ》んでいた。不正《ふせい》をせず正々堂々《せいせいどうどう》と競技《きょうぎ》にのぞむフェアプレーの意志《いし》を選手《せんしゅ》みずから宣言《せんげん》するのだ。オリンピックを公正で気品のある大会にするために必要《ひつよう》だと思っていた選手宣誓《せんしゅせんせい》が、この大会の開会式ではじめておこなわれた。そして、彼《かれ》が考案《こうあん》した5つの輪《わ》のオリンピック・シンボルをえがいたオリンピック旗《き》が、青空に大きくひるがえった。

「オリンピックがもどってきた！　平和の祭典《さいてん》がもどってきたんだ」

クーベルタンのほほをひとすじの涙《なみだ》がつたった。オリンピックの開会式で涙《なみだ》を流したのははじめてだった。

イギリスのラグビー校をおとずれ、ウェンロックのオリンピックを見て感動したときのこと、オリンピアの遺跡《いせき》で復興《ふっこう》を誓《ちか》ったこと、第1回大会開催《かいさい》に向けての苦労《くろう》と、無事《ぶじ》に開催《かいさい》できたときの喜《よろこ》び、はじめてのマラソンの大歓声《だいかんせい》、第2回、第3回大会の失敗《しっぱい》、第5回大会で世界の5大陸《たいりく》がすべてそろい、さらに芸術競技《げいじゅつきょうぎ》も実現《じつげん》できたこと。だが、悲惨《ひさん》な戦争《せんそう》のために開催《かいさい》できない大会があった。そうした苦労《くろう》と喜《よろこ》びの数々を思い出していた。

「第1回大会から24年、やっと満足《まんぞく》できる大会をおこなうことができた。オリンピックは戦争《せんそう》をのりこえることができた。私《わたし》がやってきたことは、まちがっていなかったようだ」

エピローグ――オリンピアへ～そして東京へ

「ぜひ、冬季《とうき》のオリンピックを開きましょう。スケートやスキーの世界的《せかいてき》な競技会《きょうぎかい》です」

「その必要《ひつよう》はない。われわれはもうすでに冬季《とうき》大会を開催《かいさい》していて、定着していますから」

フランス、スイスなどの国々は冬季《とうき》大会の開催《かいさい》を望《のぞ》んでいた。それに対して北欧《ほくおう》のノルウェー、スウェーデン、フィンランドは、すでに冬季競技《とうききょうぎ》大会をおこなっていたため、その権利《けんり》をオリンピックにうばわれてしまうと考え、反対していた。

「それでは、夏のオリンピックに付属《ふぞく》した冬のスポーツ週間として実施《じっし》してはどうだろう」

話し合いをかさね考えたすえ、IOC《アイオーシー》（国際《こくさい》オリンピック委員会）は両方の意見の中間をとることにした。

1924年、シャモニー・モンブラン（フランス）で冬季《とうき》大会がおこなわれた。

終わってみれば、当初開催《とうしょかいさい》に反対していたノルウェーがメダル獲得数《かくとくすう》トップ、2位《い》はフィンランドとなり、もはや反対する国はほとんどなくなった。この大会はたいへんもり上がり、大《だい》成功《せいこう》となった。そのため、のちに第1回冬季《とうき》オリンピックとみとめられた。

翌年《よくねん》、クーベルタンはIOC《アイオーシー》会長を辞《や》めた。

「冬のオリンピックも開催《かいさい》できるようになった。もう私《わたし》の仕事は終わった。オリンピックはだいじょうぶだ。このままつづけていけばいい」

1937年9月、クーベルタンはスイス、ジュネーブの公園を散歩《さんぽ》していた。

「少しつかれた。そろそろ休むとするか」

ゆっくりとベンチに腰《こし》をおろし、横になる。そのまま眠《ねむ》るように息絶《いきた》えた。74歳《さい》、静《しず》かでおだやかな最期《さいご》だった。

IOC《アイオーシー》の委員をはじめ、クーベルタンをよく知る人たちは、失《うしな》ったもののあまりの大きさに気づき、ショックにふるえながら立ちすくみ、そして肩《かた》を落とした。

▲1938年3月26日、クーベルタンの心臓《しんぞう》がオリンピアの記念塔《きねんとう》におさめられた

クーベルタンはスイス・ローザンヌのＩＯＣ《アイオーシー》本部近くの墓地《ぼち》に埋葬《まいそう》された。遺言《ゆいごん》によって、心臓《しんぞう》はギリシャのオリンピアにおさめられた。古代の平和の祭典《さいてん》をよみがえらせたクーベルタンは、古代の神々が眠《ねむ》る地へと帰っていった。

１９６４年10月10日の日本。

前日の嵐《あらし》がうそだったかのように晴れ上がった秋の日、東京オリンピックの幕《まく》が開こうとしていた。開会式は午後２時に始まる。国立競技場《きょうぎじょう》の観客席《かんきゃくせき》は、７万人をこえる人々でびっしりとうまっていた。

午後１時55分、大きな電光掲示盤《けいじばん》に、フランス語と英語《えいご》で文字が映《うつ》された。

「オリンピックでもっとも重要《じゅうよう》なことは、勝つことではなく参加《さんか》することである。人生にとってもっとも大切なことは、勝つことではなく努力《どりょく》することである。――ピエール・ド・クーベルタン」

まさに始まろうとしているアジア初《はつ》のオリンピック。自分の名前が、そしてタルボット主教とともに語った言葉が、ヨーロッパから遠くはなれた日本で、たくさんの観客《かんきゃく》の前に大きくかかげられるとは思っていなかった。

▼ 1964 年東京オリンピックの開会式で、電光掲示盤《けいじばん》に映《うつ》し出《だ》されたフランス語（左）と英語《えいご》（右）の文字。いちばん下にピエール・ド・クーベルタン（PIERRE DE COUBERTIN）の名前が見える

LE PLUS IMPORTANT AUX
JEUX OLYMPIQUES N'EST
PAS D'Y VAINCRE MAIS
D'Y PRENDRE PART, CAR
L'ESSENTIEL DANS LA
VIE N'EST PAS TANT DE
CONQUERIR QUE DE LUTTER.
THE MOST IM
IN THE OLYM
NOT TO WIN
PART, JUST
IMPORTANT T
IS NOT THE
THE STRUGGL
PIERRE DE COUBERTIN
SEIKO

なつかしい『オリンピック讃歌《さんか》』が流れた。クーベルタンが考えた5つの輪《わ》のオリンピックのシンボルがジェット機《き》の飛行機雲《ひこうきぐも》で空にえがかれた。

「さすが、嘉納《かのう》の子どもたちのオリンピック。みごとな開会式だ。これまでのどの大会よりもすばらしい」

オリンピアの遺跡《いせき》で採火《さいか》され、アジアの国々をリレーしてきた聖火《せいか》が、さわやかな19歳《さい》の若《わか》者《もの》の手によって、国立競技場《きょうぎじょう》の聖火台《せいかだい》に点火された。選手宣誓《せんしゅせんせい》がおこなわれ、たくさんのハトがはなたれた。

「昔と同じだ。オリンピックはすべて、あのときのままだ。神聖《しんせい》で美しいまま大きく成長《せいちょう》している。私《わたし》はやってよかった。まちがっていなかった」

クーベルタンは空の上から見おろして、やさしくほほえんでいた。

巻末資料

クーベルタン

古代オリンピックとは？

Q 古代オリンピックってどんな大会？

A およそ1200年間つづいた競技祭《きょうぎさい》

クーベルタンが復興《ふっこう》させたオリンピックのもととなった古代オリンピックは、ギリシャ南部にある聖地《せいち》オリンピアでおこなわれた競技祭《きょうぎさい》。ギリシャの最高神《さいこうしん》ゼウスにささげられる宗教《しゅうきょう》行事として4年に一度開催《かいさい》され、紀《き》元前《げんぜん》776年から紀元後《きげんご》393年までつづいた。

当時、このような競技祭《きょうぎさい》はオリンピア以外《いがい》でもあった。デルフォイのピュティア競技祭《きょうぎさい》、イストモスのイストミア競技祭《きょうぎさい》、ネメアでおこなわれたネメア競技祭《きょうぎさい》で、オリンピアと合わせて四大競技祭《きょうぎさい》とよばれていた。このなかでもっとも規模《きぼ》が大きかったのがオリンピア競技祭《きょうぎさい》だった。

Q 古代オリンピックが始まったきっかけは？

A 「競技祭《きょうぎさい》をおこなうこと」という神のお告《つ》げ

古くからの聖地《せいち》・オリンピアをめぐって、エリスとピサという2つの国が争《あらそ》っていた。あるとき、「競技祭《きょうぎさい》をおこなうこと」という神のお告《つ》げがあり、両国は休戦《きゅうせん》協定《きょうてい》を結《むす》び、戦争《せんそう》を中止。そしてオリンピック競技祭《きょうぎさい》をおこなった。この休戦協定《きゅうせんきょうてい》を「エケケイリア」とよぶ。

エケケイリアは競技祭《きょうぎさい》の期間中だけでなく、前後3か月ほどつづけられた。ギリシャ各地《かくち》からオリンピアへ移《い》動《どう》する選手《せんしゅ》たちの安全を確保《かくほ》するためだ。そのおかげで古代オリンピックは長くつづいた。平和でなくてはスポーツの大会をおこなえないのは現代《げんだい》と同じだ。

エリスで選《えら》ばれた休戦使節《きゅうせんしせつ》がギリシャ各地《かくち》をまわってエケケイリアをつげ、オリンピックの開催日《かいさいび》を伝《つた》えた。エケケイリアは、競技祭《きょうぎさい》をスムーズに運営《うんえい》するための現《げん》実的《じってき》な方法《ほうほう》だったのだ。

Q 競技祭《きょうぎさい》に参加《さんか》できたのはどんな人？

A ギリシャ人の男性《だんせい》だけ

古代オリンピックに参加《さんか》できたのは、男性《だんせい》だけだった。それも、初期《しょき》のころはギリシャ人だけしか参加《さんか》できなかった。また、選手《せんしゅ》は、全裸《ぜんら》で競技《きょうぎ》をしていた。なぜ全裸《ぜんら》だったのかははっきりとはしていない。「強く雄々《おお》しい男性《だんせい》がたくましい体をほこりたかったから」「身につけていた腰布《こしぬの》が競技中《きょうぎちゅう》にはずれてもつれてしまい、選手《せんしゅ》が命を落としたから」「身につけていた腰布《こしぬの》が競技中《きょうぎちゅう》にはずれ、身軽になった選手《せんしゅ》が優勝《ゆうしょう》したから」など、さまざまな説《せつ》があるが、どれがほんとうの理由だったのかはわかっていない。

女性《じょせい》の参加《さんか》はいっさい認《みと》められなかったし、観戦《かんせん》することもできなかった。観戦《かんせん》したら崖《がけ》から突《つ》き落《お》とされるというきまりもあったという。

ギリシャがローマ帝国《ていこく》に支配《しはい》されるようになると、ギリシャ人以外《いがい》のさまざまな民族《みんぞく》がオリンピックに参加《さんか》するようになった。しかし、それでも、参加《さんか》できるのは男《だん》性《せい》にかぎられていた。

Q 勝者には何があたえられたの？

A オリーブの枝葉《えだは》の冠《かんむり》

古代、オリーブはヘラクレスが常春《とこはる》の地から持ってきた神聖《しんせい》なものであるとされていた。またオリーブは水があまりない乾燥《かんそう》した土地でも枯《か》れないため、不死《ふし》の象《しょう》徴《ちょう》と考えられていた。

競技祭《きょうぎさい》であたえられたのは、葉冠《ようかん》だけだったが、オリンピック優勝者《ゆうしょうしゃ》は、英雄《えいゆう》としてあつかわれた。名前は石の板にきざまれ、地元に帰ると盛《せい》大《だい》に歓迎《かんげい》された。そして地元ではさまざまな賞《しょう》品《ひん》や賞金《しょうきん》が授与《じゅよ》されたり、税金《ぜいきん》が免除《めんじょ》されたりするなどの特権《とっけん》もあたえられた。

▲古代オリンピックの想像図《そうぞうず》

Q 期間は何日間?

A 最初《さいしょ》は1日、のちに5日間

初期《しょき》の古代オリンピックは1日だけの開催《かいさい》で、おこなわれた競技《きょうぎ》は1スタディオン（＝約《やく》192メートル）を走るスタディオン走だったとされる。ちなみに、スタジアムの語源《ごげん》はこのスタディオンだ。

開催《かいさい》時期は夏。夏至《げし》の後の2度目か3度目の満月《まんげつ》の時期と決まっていた。現在《げんざい》の8月下旬《げじゅん》ごろだ。

しばらくすると競技日程《きょうぎにってい》は5日間になった。

紀元前《きげんぜん》5世紀《せいき》ごろの5日間の大会スケジュールと、おこなわれた競技《きょうぎ》を紹介《しょうかい》しよう。

開催日程《かいさいにってい》

1日目	●祭壇《さいだん》の「誓《ちか》いのゼウス像《ぞう》」の前で選手《せんしゅ》と審判《しんぱん》が不正《ふせい》をしないことを誓《ちか》い、さらに選手《せんしゅ》は勝利《しょうり》の祈《いの》りをささげる。 ●「触《ふ》れ役《やく》」と「ラッパ吹《ふ》き」の競技《きょうぎ》がおこなわれる。勝者となった触《ふ》れ役《やく》はそれ以《い》降《こう》の競技《きょうぎ》の勝者の名前を読み上げ、ラッパ吹《ふ》きは現代《げんだい》のファンファーレのようにラッパを吹《ふ》く。 ●少年（12～18歳《さい》）の競技《きょうぎ》（競走《きょうそう》、ボクシング、レスリング）がおこなわれる。
2日目	〈午前〉戦車競走《せんしゃきょうそう》と騎馬競走《きばきょうそう》。 〈午後〉五種競技《ごしゅきょうぎ》（競走《きょうそう》、幅跳《はばと》び、円盤投《えんばんな》げ、やり投げ、レスリング）。 〈夕方〉生贄《いけにえ》をささげる儀式《ぎしき》。
3日目	〈午前〉各国《かっこく》（ポリス）からの主賓《しゅひん》、役員、選手団《せんしゅだん》一行が迎賓館《げいひんかん》から聖域内《せいいきない》を練り歩き、ゼウス像《ぞう》の大祭壇《だいさいだん》で生贄《いけにえ》をささげる。 〈午後〉スタディオン走（約《やく》192m）、ディアウロス走（約《やく》192mを1往復）、ドリコス走（約《やく》192mを10往復《おうふく》）を実施《じっし》。 〈夕方〉プリュタネイオン（迎賓館《げいひんかん》）で宴会《えんかい》。
4日目	●格闘技《かくとうぎ》（レスリング、ボクシング、パンクラチオン）の実施《じっし》。 ●武装競走《ぶそうきょうそう》の実施《じっし》。
5日目	●ゼウス神殿《しんでん》の前で勝者の戴冠式《たいかんしき》。勝者ひとりひとりの名前がよばれ、審判《しんぱん》からオリーブの葉冠《ようかん》が授与《じゅよ》される。勝者はたくさんの観客《かんきゃく》から祝福《しゅくふく》される。 ●勝者は迎賓館《げいひんかん》で晩餐会《ばんさんかい》に出席《しゅっせき》。その後、家族たちと祝《いわ》いの夜をすごす。

▲ゼウス神殿復元想像図《しんでんふくげんそうぞうず》

開催競技《かいさいきょうぎ》

競走《きょうそう》	〈**スタディオン走**〉1スタディオン（約《やく》192m）の直線コースを全力疾走《しっそう》する。スタート地点には石でできたスターティングブロックがあり、選手《せんしゅ》たちはそこに足をかけてスタートした。 〈**ディアウロス走**〉往復走《おうふくそう》。1スタディオンの直線コースを往復《おうふく》したといわれている。 〈**ドリコス走**〉長距離走《ちょうきょりそう》。1スタディオンの直線コースを10往復《おうふく》、約《やく》3800mを走る。 〈**武装競走《ぶそうきょうそう》**〉兜《かぶと》、すね当てを身につけ、丸い楯《たて》を持って2スタディオンを走った。重い装備《そうび》だったため、かなり過酷《かこく》なレースだった。
五種競技《ごしゅきょうぎ》	競走《きょうそう》、幅跳《はばと》び、円盤投《えんばんな》げ、やり投げ、レスリングの5種目《しゅもく》をおこなう競技《きょうぎ》。競走《きょうそう》はスタディオン走で、幅跳《はばと》びは助走のない立ち幅跳《はばと》びだったとされている。  円盤投《えんばんな》げのようす▶
レスリング	立った姿勢《しせい》から相手を投げ、肩《かた》や背中《せなか》を地面につけるとフォールしたことになり、3本とった選手《せんしゅ》が勝ち。投《な》げ技《わざ》以外《いがい》に関節技《かんせつわざ》や締《し》め技《わざ》もあった。
ボクシング	現代《げんだい》のボクシングのようなロープを張《は》ったリングはなかった。選手《せんしゅ》はつねに接近《せっきん》して休まずに戦《たたか》った。どちらかの選手《せんしゅ》が「まいった」をするまで、あるいは意識《いしき》を失《うしな》ったり死んだりするまでつづけられた。選手《せんしゅ》は手に革《かわ》のようなものを巻《ま》いて戦《たたか》った。はじめは拳《こぶし》を保護《ほご》する目的《もくてき》でシンプルな革《かわ》ひもを巻《ま》いていたが、しだいに、相手にダメージをあたえられるよう、硬《かた》い革《かわ》で手首までおおった攻撃的《こうげきてき》な形になっていった。とても危険《きけん》な競技《きょうぎ》だった。
パンクラチオン	なぐる、蹴《け》る、投げる、絞《し》める、ひねる、折《お》るなど、ほとんどの攻撃《こうげき》が許《ゆる》されていた格闘技《かくとうぎ》。禁止《きんし》されていたのは、かみつきと目つぶしだけ。指を折《お》るのも反則《はんそく》ではなく、下腹部《かふくぶ》の急所への攻撃《こうげき》も許《ゆる》されていた。この競技《きょうぎ》も「まいった」をするか、一方が意識《いしき》を失《うしな》ったり死んだりすることで勝敗《しょうはい》が決まった。
戦車競走《せんしゃきょうそう》	4頭立ての馬車で、72スタディオン（約《やく》1万4000m）を走る。戦車競走《せんしゃきょうそう》は古代オリンピックで人気の競技《きょうぎ》だった。ならんだ4頭の馬の後ろに2輪《りん》の戦車《せんしゃ》（馬車）があり、そこに御者《ぎょしゃ》が立って乗る。ほかの競技《きょうぎ》は全裸《ぜんら》でおこなわれたが、この戦車競走《せんしゃきょうそう》の御者《ぎょしゃ》は長いワンピースのような服を着ていた。優勝《ゆうしょう》して表彰《ひょうしょう》されるのは御者《ぎょしゃ》ではなく馬主だった。

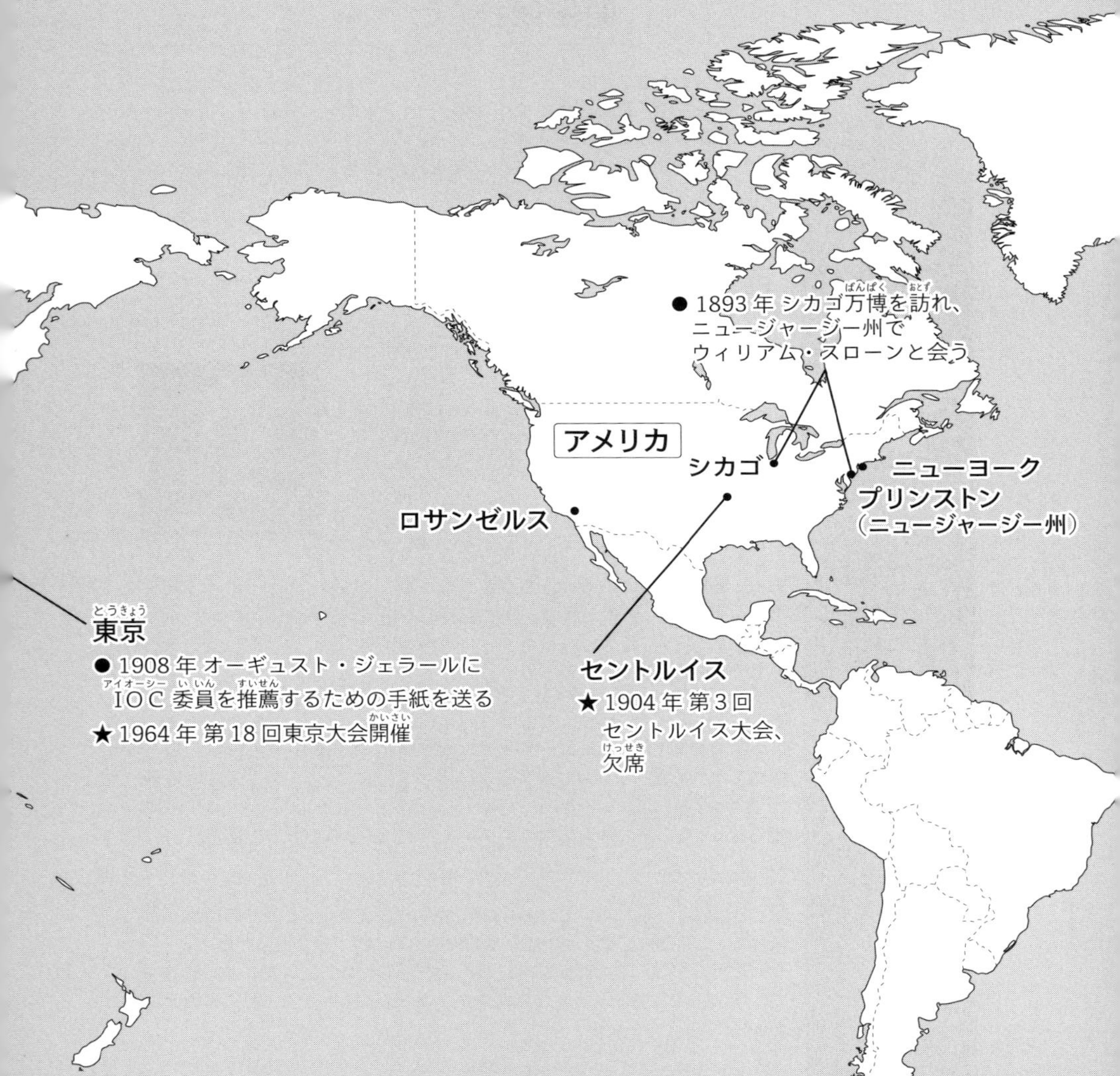

クーベルタン関連《かんれん》地図

クーベルタンのあゆみを地図で追ってみよう。

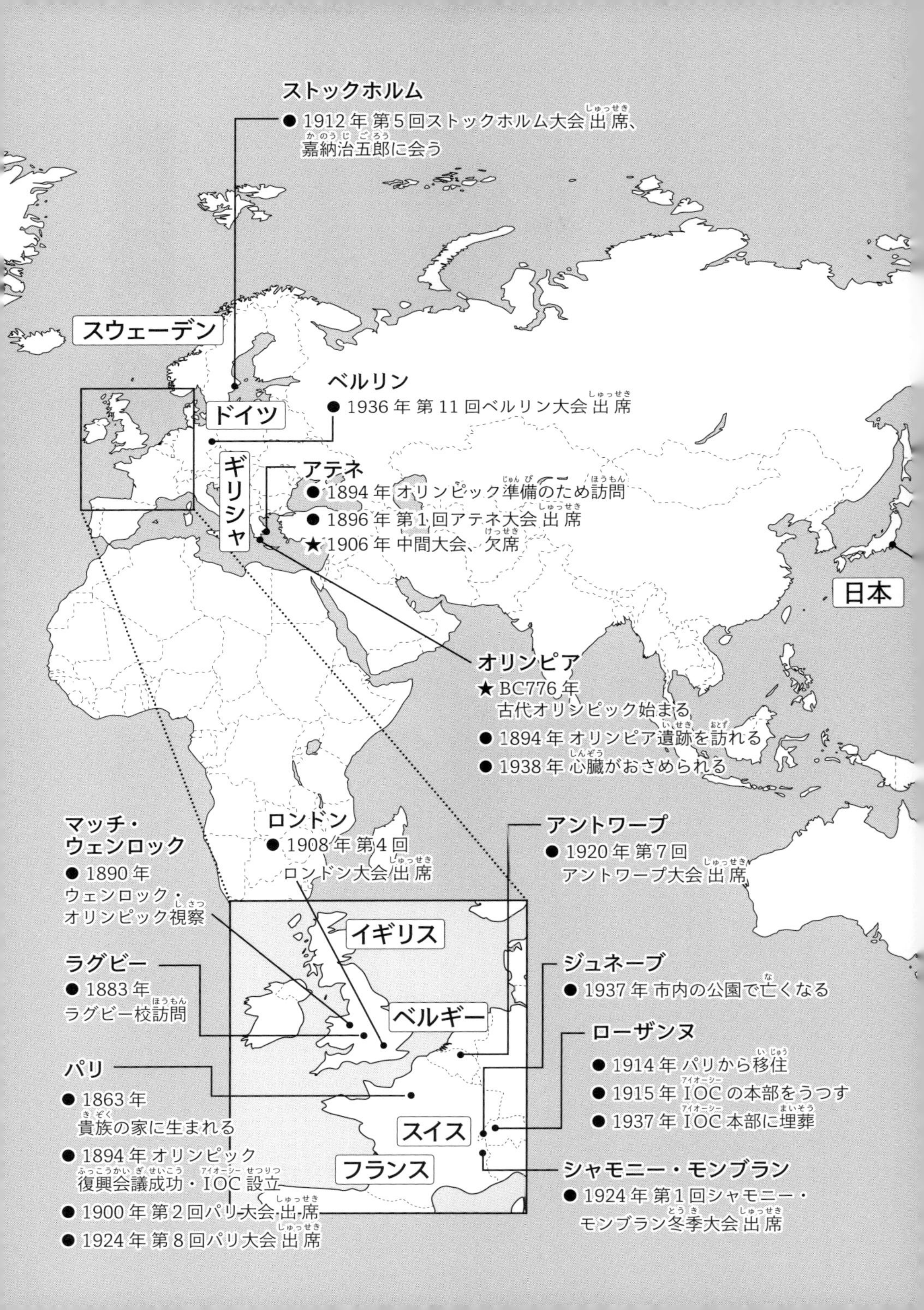

ストックホルム
● 1912年 第5回ストックホルム大会 出席《しゅっせき》、嘉納治五郎《かのうじごろう》に会う
スウェーデン
ベルリン
● 1936年 第11回ベルリン大会 出席《しゅっせき》
ドイツ
ギリシャ
アテネ
● 1894年 オリンピック準備《じゅんび》のため訪問《ほうもん》
● 1896年 第1回アテネ大会 出席《しゅっせき》
★ 1906年 中間大会、欠席《けっせき》
日本
オリンピア
★ BC776年 古代オリンピック始まる
● 1894年 オリンピア遺跡《いせき》を訪《おとず》れる
● 1938年 心臓《しんぞう》がおさめられる
マッチ・ウェンロック
● 1890年 ウェンロック・オリンピック視察《しさつ》
ロンドン
● 1908年 第4回 ロンドン大会 出席《しゅっせき》
アントワープ
● 1920年 第7回 アントワープ大会 出席《しゅっせき》
イギリス
ラグビー
● 1883年 ラグビー校訪問《ほうもん》
ジュネーブ
● 1937年 市内の公園で亡《な》くなる
ベルギー
ローザンヌ
● 1914年 パリから移住《いじゅう》
● 1915年 IOC《アイオーシー》の本部をうつす
● 1937年 IOC《アイオーシー》本部に埋葬《まいそう》
パリ
● 1863年 貴族《きぞく》の家に生まれる
● 1894年 オリンピック復興会議成功《ふっこうかいぎせいこう》・IOC《アイオーシー》設立《せつりつ》
● 1900年 第2回パリ大会 出席《しゅっせき》
● 1924年 第8回パリ大会 出席《しゅっせき》
スイス
フランス
シャモニー・モンブラン
● 1924年 第1回シャモニー・モンブラン冬季《とうき》大会 出席《しゅっせき》

クーベルタンと関係の深い人びと

ウィリアム・ペニー・ブルックス（1809〜1895年）

イギリスのロンドンの北西にあるマッチ・ウェンロックという小さな町の医師《いし》。1850年から、近代オリンピックのルーツとされるウェンロック・オリンピックを開催《かいさい》した。これは、身分に関係《かんけい》なくだれでも参加《さんか》できる競技会《きょうぎかい》で、1890年にはクーベルタンも視察《しさつ》している。

ブルックスは、1870年には体育の必修化《ひっしゅうか》を提言《ていげん》するなど体育教育を進めようとした。さらに、町に図書館やガス灯《とう》をつくったり、学校を経営《けいえい》したり、鉄道をしいたりするなど、貢献《こうけん》した。

2012年のロンドン・オリンピックのマスコット、ひとつ目のウェンロックの名は、この町に由来している。

アンリ・ディドン（1840〜1900年）

ドミニコ会の神父で、パリ近《きん》郊《こう》の高校の校長でもあった。クーベルタンが尊敬《そんけい》し、彼《かれ》の考え方に大きな影響《えいきょう》をあたえた人物で、オリンピックのモットーとなっている「より速く、より高く、より強く」の言葉は、ディドン神父が1891年に競技大会《きょうぎたいかい》で述《の》べたもの。クーベルタンが、この言葉を気に入り、1894年の国《こく》際《さい》オリンピック委員会（IOC《アイオーシー》）設立《せつりつ》の会議《かいぎ》でオリンピックのモットーにするよう提案《ていあん》し、採用《さいよう》された。

1896年、ディドン神父は、クーベルタンに第1回アテネ大会にまねかれてアテネに行った。開会式の前日にアテネのカトリックの大聖堂《だいせいどう》で礼拝《れいはい》をおこない、開会式にも出席《しゅっせき》している。

ディミトリオス・ビケラス（1835〜1908年）

ギリシャ出身の経営者《けいえいしゃ》で、1894年から1896年までIOC《アイオーシー》の初代《しょだい》会長をつとめた。

ビケラスは、もともとスポーツには縁《えん》がなかったが、1894年のパリ会議《かいぎ》に出席《しゅっせき》することになったという。会議《かいぎ》ではクーベルタンと協力《きょうりょく》して、1896年のオリンピック第1回大会をアテネで開《かい》催《さい》することを認《みと》めさせ、初代《しょだい》IOC《アイオーシー》会長に指名された。そして、ギリシャの人々に信頼《しんらい》されていたビケラスは、ギリシャ国内にオリンピック開催《かいさい》に反対する人たちがいるなか、アテネ大会開催《かいさい》のために力をつくした。

アテネ大会が終わると、IOC《アイオーシー》会長をやめ、その後、IOC《アイオーシー》委員も辞任《じにん》した。アテネ大会の翌年《よくねん》にトルコとの間に戦争《せんそう》がおこると、各国《かっこく》にギリシャの立場をうったえる旅に出ている。

エチェルバート・タルボット（1848〜1928年）

アメリカのミズーリ州出身。キリスト教の一派《いっぱ》である米国聖《せい》公会《こうかい》の第15代の主教。

1908年夏、宗教会議《しゅうきょうかいぎ》のためにロンドンを訪《おとず》れていたタルボット主教は、オリンピックでアメリカ人とイギリス人との間にいさかいがおきていたことを心配していた。そして、セント・ポール大聖堂《だいせいどう》の礼拝《れいはい》のときに、選手《せんしゅ》たちに「オリンピックでもっとも重要《じゅうよう》なことは、勝つことではなく参加《さんか》することである」と述《の》べた。

感動したクーベルタンが、イギリス政府《せいふ》との会合のときに、このタルボット主教の言葉を引用して演説《えんぜつ》をしたところ、この言葉が「クーベルタン男爵《だんしゃく》の演説《えんぜつ》」として有名になり、世界中に広まってしまったという。この言葉は、現在《げんざい》もオリンピックの理念《りねん》をあらわす言葉として大切にされている。

ウィリアム・スローン（1850〜1928年）

アメリカの歴史《れきし》学者、教育者。

クーベルタンの強い要望《ようぼう》で、1894年から1924年にかけて、30年にわたってIOC《アイオーシー》委員をつとめた。アメリカオリンピック委員会《いいんかい》（USOC《ユーエスオーシー》）の創設《そうせつ》者《しゃ》でもある。

クーベルタンは、1889年にアメリカを訪《おとず》れたときに、はじめてスローンに会い、政治《せいじ》や、社会のできごとなど、さまざまな話をして意気投合し、兄のようにしたっていたという。

オーギュスト・ジェラール（1852〜1922年）

フランスの外交官《がいこうかん》。ローマ、リオデジャネイロ、北京《ペキン》公使などをつとめ、1906年には初代《しょだい》駐日《ちゅうにち》フランス大使として、日本にやってきた（〜13年まで）。

ブリュッセル（ベルギー）公使をしていたとき（1897〜1906年）に、クーベルタンと親しく交流。その後駐日《ちゅうにち》大使として日本に来ると、クーベルタンからアジア初《はつ》のIOC《アイオーシー》委員の推薦《すいせん》を依頼《いらい》された。このとき、嘉納治《かのうじ》五郎《ごろう》を「うってつけの人物」としてクーベルタンに推薦《すいせん》した。

嘉納治五郎《かのうじごろう》（1860〜1938年）

現在《げんざい》の兵庫《ひょうご》県神戸《こうべ》市出身。講《こう》道館《どうかん》柔道《じゅうどう》の創《そう》始《し》者《しゃ》、教育者。

日本古来の柔術《じゅうじゅつ》を教育の道としての柔道《じゅうどう》まで高め、「講道館《こうどうかん》」を設立《せつりつ》した。

また、明治《めいじ》時代に教育やスポーツの発展《はってん》につくし、アジア初《はつ》のIOC《アイオーシー》委員となり、日本のオリンピック参《さん》加《か》を実現《じつげん》した。さらに、1940年の東京オリンピック招致《しょうち》運動の中心となって活躍《かつやく》し、オリンピックの招致《しょうち》に成功《せいこう》した。しかし、1938年に嘉納《かのう》が亡《な》くなると、東京がオリンピック返上を発表。幻《まぼろし》のオリンピックとなった。

年表 クーベルタンが活躍した時代

時代	西暦《せいれき》	年齢《ねんれい》	クーベルタンのできごと
江戸《えど》	1863	0	●1月1日、フランスのパリに生まれる
明治《めいじ》	1870	7	●小学校に通い始める
	1874	11	●聖《せい》イグナチオ・コレージュ（中学校）に入学
	1880	17	●リセ（高校）卒業《そつぎょう》後、士官《しかん》学校に入学するが、すぐに退学《たいがく》。政治《せいじ》高等学院に入学
	1883	20	●ラグビー校訪問《ほうもん》
	1889	26	●アメリカ初訪問《はつほうもん》
	1890	27	●ウェンロック・オリンピックを視察《しさつ》
	1892	29	●会議《かいぎ》でオリンピックの復興《ふっこう》を提案《ていあん》するが、賛同《さんどう》をえられず
	1893	30	●2度目のアメリカ訪問《ほうもん》
	1894	31	●パリ大学ソルボンヌ校でパリ会議《かいぎ》がおこなわれ、オリンピック復興《ふっこう》が決定

時代	西暦《せいれき》	オリンピックと世の中のできごと
縄文《じょうもん》	BC《ビーシー》776	●オリンピア競技祭《きょうぎさい》（古代オリンピック）始まる
古墳《こふん》	393	●最後《さいご》のオリンピア競技祭開催《きょうぎさいかいさい》
江戸《えど》	1850	●イギリスでウェンロック・オリンピック開始
	1859	●ギリシャでザッパス・オリンピック開始
明治《めいじ》	1870	●普仏戦争《ふふつせんそう》
	1871	●フランスでパリ・コミューンの内乱《ないらん》がおこる
	1875	●ギリシャで古代オリンピア遺跡《いせき》の発掘開始《はっくつかいし》
	1889	●フランスでパリ万博開催《ばんぱくかいさい》、エッフェル塔《とう》が建《た》てられる
	1894	●IOC《アイオーシー》創立《そうりつ》。初代《しょだい》会長にギリシャのビケラス就任《しゅうにん》
	1896	●第1回オリンピック・アテネ大会開催《かいさい》
	1897	●ギリシャとトルコが戦争《せんそう》
	1900	●パリ万博開催《ばんぱくかいさい》
		●第2回オリンピック・パリ大会開催《かいさい》

年表　クーベルタンが活躍した時代

時代	西暦《せいれき》	年齢《ねんれい》	クーベルタンのできごと
明治《めいじ》	1896	33	●第1回オリンピック・アテネ大会出席《しゅっせき》 ●大会終了《しゅうりょう》後、ＩＯＣ《アイオーシー》会長に就任《しゅうにん》
	1900	37	●ＩＯＣ《アイオーシー》会長として第2回オリンピック・パリ大会出席《しゅっせき》
	1904	41	●第3回オリンピック・セントルイス大会不参加《ふさんか》
	1908	45	●第4回オリンピック・ロンドン大会出席《しゅっせき》
	1912	49	●第5回オリンピック・ストックホルム大会出席《しゅっせき》
大正《たいしょう》	1913	50	●オリンピック・シンボルを考案《こうあん》
	1920	57	●第7回オリンピック・アントワープ大会出席《しゅっせき》
	1924	61	●シャモニー・モンブランの冬季《とうき》スポーツ大会出席《しゅっせき》 ●第8回オリンピック・パリ大会に出席《しゅっせき》
	1925	62	●ＩＯＣ《アイオーシー》の会長をやめ、名誉《めいよ》終身委員長になる
昭和《しょうわ》	1928	65	●第9回オリンピック・アムステルダム大会にメッセージを送る
	1936	73	●第11回オリンピック・ベルリン大会出席《しゅっせき》
	1937	74	●9月2日、スイス・ジュネーブの公園で倒《たお》れ、帰らぬ人となる

時代	西暦《せいれき》	オリンピックと世の中のできごと
明治《めいじ》	1904	●アメリカでセントルイス万博開催《ばんぱくかいさい》 ●第3回オリンピック・セントルイス大会開催《かいさい》 ●日露戦争《にちろせんそう》(〜05)
	1906	●アテネで中間大会開催《かいさい》
	1908	●第4回オリンピック・ロンドン大会開催《かいさい》
	1909	●日本の嘉納治五郎《かのうじごろう》がアジア人初《はつ》のＩＯＣ《アイオーシー》委員に選《えら》ばれる
	1912	●第5回オリンピック・ストックホルム大会開催《かいさい》 ●日本オリンピック初参加《はつさんか》
大正《たいしょう》	1914	●ＩＯＣ《アイオーシー》20周年総会《しゅうねんそうかい》でオリンピック・シンボルが正式決定 ●第一次世界大戦《せかいたいせん》(〜19)
	1915	●ＩＯＣ《アイオーシー》をスイスのローザンヌに移《うつ》す
	1916	●第6回オリンピック・ベルリン大会中止
	1920	●第7回オリンピック・アントワープ大会開催《かいさい》 ●オリンピック旗《き》の掲揚《けいよう》・選手宣誓《せんしゅせんせい》が開始 ●国際連盟発足《こくさいれんめいほっそく》
	1924	●シャモニー・モンブラン冬季《とうき》大会開催《かいさい》 ●第8回オリンピック・パリ大会開催《かいさい》

▲（上）1924年第1回シャモニー・モンブラン冬季《とうき》大会の会場

▶（右）そのときのカーリング競技《きょうぎ》のようす

昭《しょう》和《わ》

1925

●クーベルタンにかわり、IOC《アイオーシー》会長にバイエ＝ラツールが就任《しゅうにん》

1928

●第2回冬季《とうき》オリンピック・サン・モリッツ大会開催《かいさい》

●日本冬季《とうき》オリンピック初参加《はつさんか》

●第9回オリンピック・アムステルダム大会開催《かいさい》

1929

●世界恐慌《せかいきょうこう》

1932

●第3回冬季《とうき》オリンピック・レークプラシッド大会開催《かいさい》

●第10回オリンピック・ロサンゼルス大会開催《かいさい》

1936

●第11回オリンピック・ベルリン大会開催《かいさい》

●1940年オリンピックの開催地《かいさいち》が東京に決定

1938

●日本、1940年オリンピック大会を返上

●写真提供・協力

公益財団法人講道館　フォート・キシモト

●おもな参考文献

『国際オリンピック委員会の百年・第１巻』
（イブ・ピエール・ブーロンニュ著／穂積八洲雄訳・1994年、国際オリンピック委員会／日本オリンピック・アカデミー）

『ピエール・ド・クベルタン オリンピックの回想』
（カールディーム著／大島鎌吉訳・1976 年、ベースボール・マガジン社）

『クーベルタンとモンテルラン─ 20 世紀初頭におけるフランスのスポーツ思想─』
（小石原美保著・1955 年、不昧堂出版）

『19 世紀のオリンピア競技祭』（真田久著・2011 年、明和出版）

『オリンピックの真実 それはクーベルタンの発案ではなかった』（佐山和夫著・2017 年、潮出版社）

『オリンピックと近代 評伝クーベルタン』（ジョン・J・マカルーン著／柴田元幸・菅原克也訳・1988 年、平凡社）

『気概と行動の教育者 嘉納治五郎』（生誕 150 周年記念出版委員会編・2011 年、筑波大学出版会）

「『幻の東京オリンピック』と大日本体育協会」（田原淳子著）
（『現代スポーツは嘉納治五郎から何を学ぶのか』（菊幸一編著・2014 年、ミネルヴァ書房）より）

『一八九六年のオリンピック競技会』p.72-108（ピエール・ド・クーベルタン著／和田浩一訳）
（『研究紀要 第 48 号』（神戸松蔭女子学院大学・神戸松蔭女子学院短期大学部学術研究会編・2007 年、神戸松蔭女子学院大学）より）

「オリンピック・ムーブメントと世界平和─ピエール・ド・クーベルタンと嘉納治五郎の教育思想を中心に─」（和田浩一著）
（『スポーツの歴史と文化』（新井博・榊原浩晃編著・2012 年、道和書院）より）

「筋肉と精神の『偉大な結婚』─近代オリンピックにおけるスポーツと芸術の結合─」（和田浩一著）
（『現代スポーツ評論 35』（清水諭・友添秀則編・2016 年、創文企画）より）

「近代オリンピックの創出とクーベルタンのオリンピズム」（和田浩一著）
（『ニッポンのオリンピック 日本はオリンピズムとどう向き合ってきたのか』小路田泰直・井上洋一・石坂友司編著・2018 年、青弓社）より

映像『ピエール・ド・クーベルタン 過去、そして現在』
（ミヒャエル・ディットリッヒ監督・2018 年、国際ピエール・ド・クーベルタン委員会／日本ピエール・ド・クーベルタン委員会／日本オリンピック・アカデミー）

"Pierre De Coubertin et le Miracle Grec" Comite International Pierre de Coubertin, Lausanne. 2005（引用）
"Olympism" International Olympic Committee. 2000

著者紹介

著者 **大野益弘**（おおの　ますひろ）

ノンフィクションライター・編集者。株式会社ジャニス代表。日本オリンピック・アカデミー理事。日本スポーツ芸術協会理事。

1954 年東京都生まれ。福武書店（現ベネッセ）などを経て編集プロダクションを設立。オリンピック関連書籍・写真集の編集経験多数。筑波大学大学院人間総合科学研究科スポーツ健康システム・マネジメント専攻修了。著書に『オリンピック ヒーローたちの物語』（単著・ポプラ社）、『心にのこるオリンピック・パラリンピックの読みもの』（共著・学校図書）、『オリンピックとっておきの話 108』（共著・メディアパル）、『日本のスポーツとオリンピック・パラリンピックの歴史』（共著・笹川スポーツ財団）など。

絵 **しちみ楼**（しちみ　ろう）

1983年東京生まれ。漫画家。

2017年リイド社が運営するWeb漫画サイト

「リイドカフェ」にてデビュー。

同サイトにてホラー漫画「ピーヨ」を連載中。

著書：『ピーヨと魔法の果実』（リイド社）

オリンピック・パラリンピックにつくした人びと

クーベルタン

2018年10月23日　第1刷発行

著　大野益弘

絵　しちみ楼

発行者　小峰広一郎

発行所　株式会社小峰書店

〒162-0066　東京都新宿区市谷台町4-15

TEL 03-3357-3521　FAX 03-3357-1027　https://www.komineshoten.co.jp/

ブックデザイン　アンシークデザイン

組版・印刷　株式会社三秀舎

製本　小髙製本工業株式会社

ISBN978-4-338-32201-0　NDC780　157P　22 × 16cm

オリンピック・パラリンピックのあゆみとつくした人びと ②

オリンピックのあゆみ

西暦《せいれき》（年）	オリンピックのあゆみ
1945	●第二次世界大戦《せかいたいせん》が終戦《しゅうせん》をむかえる
1948	❺サン・モリッツ冬季《とうき》大会 ⑭ロンドン大会
1952	❻オスロ冬季《とうき》大会 ⑮ヘルシンキ大会
1956	❼コルチナ・ダンペッツオ冬季《とうき》大会 ⑯メルボルン大会
1960	❽スコーバレー冬季《とうき》大会 ⑰ローマ大会
1964	❾インスブルック冬季《とうき》大会 ⑱東京大会
1968	❿グルノーブル冬季《とうき》大会 ⑲メキシコシティ大会
1972	⓫札幌《さっぽろ》冬季《とうき》大会 ⑳ミュンヘン大会
1976	⓬インスブルック冬季《とうき》大会 ㉑モントリオール大会
1980	⓭レークプラシッド冬季《とうき》大会 ㉒モスクワ大会
1984	⓮サラエボ冬季《とうき》大会 ㉓ロサンゼルス大会
1988	⓯カルガリー冬季《とうき》大会 ㉔ソウル大会

パラリンピックのあゆみ

西暦《せいれき》（年）	パラリンピックのあゆみ
1945	●第二次世界大戦《せかいたいせん》が終戦《しゅうせん》をむかえる
1948	●第1回ストーク・マンデビル競技《きょうぎ》大会
1952	●第1回国際《こくさい》ストーク・マンデビル大会
1960	①ローマ大会
1964	②東京大会
1968	③テルアビブ大会
1972	④ハイデルベルク大会
1976	❶エンシェルツビーク冬季《とうき》大会 ⑤トロント大会
1980	❷ヤイロ冬季《とうき》大会 ⑥アーネム大会
1984	❸インスブルック冬季《とうき》大会 ⑦ニューヨーク／ストーク・マンデビル大会
1985	●「パラリンピック」が大会の正式《せいしき》名称《めいしょう》となる
1988	❹インスブルック冬季《とうき》大会 ⑧ソウル大会

①…夏季《かき》大会開催《かいさい》回　❶…冬季《とうき》大会開催《かいさい》回

つくした人びと

- 金栗四三《かなくりしそう》 1983
- 田畑政治《たばたまさじ》 1984
- 中村《なかむら》 裕《ゆたか》 1984